utb 5116

Eine Arbeitsgemeinschaft der Verlage

Brill | Schöningh – Fink · Paderborn
Brill | Vandenhoeck & Ruprecht · Göttingen – Böhlau · Wien · Köln
Verlag Barbara Budrich · Opladen · Toronto
facultas · Wien
Haupt Verlag · Bern
Verlag Julius Klinkhardt · Bad Heilbrunn
Mohr Siebeck · Tübingen
Narr Francke Attempto Verlag – expert verlag · Tübingen
Psychiatrie Verlag · Köln
Ernst Reinhardt Verlag · München
transcript Verlag · Bielefeld
Verlag Eugen Ulmer · Stuttgart
UVK Verlag · München
Waxmann · Münster · New York
wbv Publikation · Bielefeld
Wochenschau Verlag · Frankfurt am Main

Dr. Pascal Pitz-Klauser ist Rechtsanwalt. Er absolvierte sein Studium an der Ludwig-Maximilians-Universität München und berät auf dem Gebiet des Kartellrechts.

Pascal Pitz-Klauser

Analysieren, Interpretieren, Argumentieren

Grundlagen der Textarbeit fürs Studium

2., aktualisierte und erweiterte Auflage

Narr Francke Attempto Verlag · Tübingen

Umschlagabbildung: www.istockphoto.com, D3Damon, Stock-Fotografie-ID: 689327402

Bibliografische Information der Deutschen Nationalbibliothek
Die Deutsche Nationalbibliothek verzeichnet diese Publikation in der Deutschen Nationalbibliografie; detaillierte bibliografische Daten sind im Internet über http://dnb.dnb.de abrufbar.

2., aktualisierte und erweiterte Auflage 2024
1. Auflage 2019

DOI: https://doi.org/10.36198/9783838563619

Internet: www.narr.de
eMail: info@narr.de

Einbandgestaltung: siegel konzeption | gestaltung
Elanders Waiblingen GmbH

utb-Nr. 5116
ISBN 978-3-8252-6361-4 (Print)
ISBN 978-3-8385-6361-9 (ePDF)
ISBN 978-3-8463-6361-4 (ePub)

MIX
Papier | Fördert gute Waldnutzung
FSC® C016368

Inhalt

Vorwort ... 7

Zu diesem Buch ... 9
1 Ziel dieses Buches ... 9
2 Methodik dieses Buches ... 11
3 Hinweise zur Lektüre ... 13

Teil I: Analysieren und Interpretieren ... 15

1 Warum muss ich analysieren und interpretieren? ... 19

2 Die Arbeitsschritte der Texterschließung ... 27

3 Gegenstand, Ziel und Methode der Erschließung ... 31
3.1 Informationen über den Text ... 31
3.2 Allgemeiner Inhalt des Textes ... 33
3.3 Ziel und Methode der Bearbeitung ... 35

4 Die Analyse des Textes ... 42
4.1 Die Analyse der äußeren Form ... 43
4.2 Die Analyse des Inhalts und der Struktur ... 47
4.3 Die Analyse der sprachlichen Gestaltung ... 53
4.3.1 Allgemeine sprachliche Merkmale ... 54
4.3.2 Besondere sprachliche Merkmale ... 60

5 Die Interpretation des Textes ... 68
5.1 Entscheidung für eine Deutungsmöglichkeit ... 68
5.1.1 Rückgriff auf die Ergebnisse der Analyse ... 69
5.1.2 Rückgriff auf die Entstehungsgeschichte ... 73

5.2 Verhältnis zu anderen Aussagen 81
5.2.1 Vergleich mit einer anderen Aussage 82
5.2.2 Verhältnis zum Zeitgeist der Epoche 83

6 Ergebnis und persönliche Stellungnahme 87

Teil II: Argumentieren 89

1 Kann ich auf die Erörterung zurückgreifen? 94

2 Die Gattungen der Argumentation 97

3 Die Textbezogenheit der Argumentation 100

4 Die Vorbereitungsarbeit (in der Einleitung) 102

5 Die einzelnen Schritte der Argumentation 113
5.1 Schritt 1: Die Sammlung der Argumente 118
5.2 Schritt 2: Die Gewichtung der Argumente 119
5.3 Schritt 3: Die Anordnung der Argumente 121

6 Die Abwägung der Argumente (Synthese) 128

Schlusswort 131

Register 132

Abbildungsverzeichnis 134

Tabellenverzeichnis 135

Vorwort

Das Grundkonzept dieses Buches hat sich während meiner Zeit als Nachhilfelehrer entwickelt. Es wurde über Jahre hinweg „in der Praxis des Lehrens“ erprobt und konnte dadurch stetig kontrolliert und den unterschiedlichsten individuellen Bedürfnissen angepasst werden. Da Basics im Fach Deutsch, insbesondere Grundkenntnisse der Textarbeit, auch die Voraussetzung für ein erfolgreiches Studium darstellen, bei Studierenden aber häufig nicht (mehr) vorhanden sind, entstand schließlich die Idee, mein Konzept in Gestalt eines kompakten Ratgebers für Studierende zu veröffentlichen. Für viele Anregungen zur Ausrichtung des Buches an der studentischen Leserschaft danke ich dem Lektorat des Verlags.

München, im April 2019

Vorwort zur zweiten Auflage

Dieser kompakte Studienratgeber gibt klar verständliche Regeln, deren Anwendung an zahlreichen Beispielen praktisch demonstriert wird. Zudem ist der Ratgeber in dem Sinne interdisziplinär, dass er sich mit der Vermittlung grundlegender Techniken der Textarbeit an nahezu alle Studiengänge richtig. Dieses Konzept hat sich bewährt. Denn die Grundlagen sind für alle Studierenden relevant und unterscheiden sich im Grundsatz nicht in Abhängigkeit vom jeweiligen Studienfach. Die Übungsbeispiele mit Lösungsvorschlägen können daher aus verschiedenen Fachbereichen gewählt werden, sodass sich im Ergebnis jede Leserin und jeder Leser in ihnen wiederfinden kann. Soweit erforderlich, wurden diese Beispiele für die zweite Auflage aktualisiert.

München, im Juni 2024

Zu diesem Buch

1 Ziel dieses Buches

Erlauben Sie mir einleitend einige Worte dazu, wieso Sie dieses Buch lesen sollten. Texte zu verstehen, das haben Sie doch schon in der Schule gelernt. In der Tat: Das Deutschabitur haben Sie bestanden. Gegenstand der Prüfung war unter anderem ein Auszug aus Fontanes *Effi Briest*, der Roman wurde im Unterricht gelesen, schülergerecht aufbereitet, der Lektüreschlüssel hat die letzten Unklarheiten beseitigt und der neueste „Abiturtrainer Deutsch" hat sein Übriges getan, um zu einem Erfolg in der Prüfung beizutragen. Der Deutschunterricht ist damit abgeschlossen.

Nach einigen Monaten nun beginnen die ersten Kurse an der Uni – Vorlesungsstart im Fach Rechtswissenschaften – und der Dozent behauptet gleich in der ersten Stunde, es gebe neben Goethes *Faust* und dem *Nibelungenlied* noch ein weiteres herausragendes Werk der deutschen Literatur: das BGB. Im Allgemeinen sei seine Sprache jedoch äußerst abstrakt, das Gesetz selbst wortkarg, von der Rechtsprechung vielfach anders verstanden als von der Wissenschaft, mit Blick auf den Sinn und Zweck einzelner Normen teleologisch zu reduzieren und ohnehin bestehe der Schwerpunkt der juristischen Tätigkeit in der „Auslegung" des Gesetzes. Studierenden der Geschichtswissenschaft ergeht es wahrscheinlich nicht viel anders, wenn sie erstmals Bismarcks „Blut-und-Eisen-Rede" vor dem preußischen Abgeordnetenhaus untersuchen, und auch Philosophiebegeisterte werden sich bei der Durchdringung der Camus'schen Romane oder der Sartre'schen *Transzendenz des Ego* in den Deutschunterricht zurückversetzt fühlen, der sie mit ähnlichen literarischen Texten vertraut machen sollte. Von dieser Erfahrung mögen schließlich auch die Politikwissenschaftlerin, der Linguist oder Theologe berichten, denn ihnen allen ist eines gemein: Sie beschäftigen sich im Studium und im Beruf mit Texten und haben Fontanes *Effi Briest* vielleicht längst vergessen. Das wäre zwar durchaus schade, für den Erfolg im Studium aber nicht weiter schädlich, wenn nur die Essenz geblieben ist: die Fähigkeit, sich methodisch sicher jeden beliebigen Text zu erschließen. Problematisch ist dagegen, dass der Deutschunterricht, der zu einem Studium befähigen soll, das den Umgang mit Texten wie selbstverständlich voraussetzt, bei vielen Schülerinnen und Schülern sein Ziel nicht erreicht – und das trotz des bestandenen Abiturs. Das mag etwa daran liegen, dass das Ziel des Deutschunterrichts weit über das hinausgeht, was in der Abiturprüfung tatsächlich relevant wird. Denkbar ist aber auch, dass der Deutschunterricht aufgrund seiner stofflichen Begrenzung die einzelne Schülerin oder den einzelnen Schüler nicht so ansprechen kann, wie es erforderlich wäre. Wer sich für das Verständnis von Schillers *Räubern* nicht sonderlich interessiert, sich aber mit Begeisterung der aristotelischen Glücksphilosophie widmen würde, der wird aller Voraussicht nach erst im Philosophiestudium die Motivation aufbringen, die zu einer Auseinandersetzung mit der Analyse und Interpretation (zusammenfassend: Texterschließung) notwendig ist. Zuletzt, doch von nicht minderer Bedeutung, ist da noch der Auslandsaufenthalt in Neuseeland, Kanada oder den USA – eine willkommene Abwechslung nach dem Schulabschluss –, der ganz andere Eindrücke und Herausforderungen brachte und das Wissen um die Erschließung von Texten möglicherweise in den Hintergrund rückte. Nach der Rückkehr aber fängt der Ernst des Lernens wieder an und das Problem fehlender Analyse- und Interpretationsfertigkeiten wird im Studienalltag spürbar. Tag für Tag sind in Vorlesungen und Seminaren Texte zu bearbeiten, und das Problem erfordert eine alsbaldige Lösung, zumal es im Studium nicht bei der bloßen Analyse und Interpretation von Texten bleibt.

Denn die Wissenschaft lebt vom Streit. Es wird etwa gestritten um die Auslegung einer europäischen Richtlinie oder den Begriff der Tugend, um die Erklärung kosmischer Phänomene in der Physik, um das Wesen und die Funktionsweise von Systemen in der Soziologie und sogar um die Person Jesu Christi unter dem Namen der Christologie. Studentinnen und Studenten müssen das weite Meinungsspektrum nicht nur überblicken, sondern dazu Stellung nehmen und ihre eigene Meinung bei Vorträgen, in Hausarbeiten, Fachaufsätzen und möglicherweise in einer Doktorarbeit behaupten und verteidigen. Die Grundlagen hierfür schafft wiederum der Deutschunterricht, der mit der Aufsatzgattung der Erörterung die Basis eines jeden wissenschaftlichen Meinungsbeitrages liefern soll. Daher ist es nicht nur für Studierende der Textwissenschaften, sondern auch in allen anderen Studiengängen von Bedeutung, sich auf die im Deutschunterricht vermittelten Basics zu besinnen.

Wenn Sie zu diesem Zwecke nun auf Ihre alten Schulbücher zurückgreifen, werden Sie schnell feststellen, dass diese von vornherein nur dem schulischen Lernziel verpflichtet sind und daher sowohl thematisch als auch methodisch nicht auf das abgestimmt sind, was Sie als Studentin oder Student erreichen wollen. Das Abitur haben Sie schon. Jetzt wollen und müssen Sie eine Doppelbelastung aus fachlichem Studium und der Wiederholung grundlegender methodischer Fähigkeiten vermeiden, die Sie zudem an den Erwartungshorizont im Studium anpassen müssen. Und das Studium ist insoweit gnadenlos: Es überhäuft Neulinge gleich zu Beginn mit einer ganzen Flut an fachspezifischem Wissen. An die im Deutschunterricht zu erwerbenden Fähigkeiten knüpft es bloß noch an; sie gelten als vorhanden. Dass Sie sie nach dem abgeschlossenen Deutschunterricht so schnell wieder benötigen, mag Sie vielleicht überraschen – und wieso auch nicht? Denn einen Eignungstest, wie er in der Medizinwissenschaft existiert und der Ihnen bewusst machen könnte, wie Sie sich auf das Studium am besten vorbereiten, gibt es für Studierende der Rechts-, Geschichts- und Politikwissenschaft, der Theologie oder Philosophie nicht. Und auch den vorlesungsbegleitenden Kurs „Texterschließung und Argumentation", der Sie für die tägliche Textarbeit in Ihrem Studienfach fit machen könnte, werden Sie zumeist vergeblich suchen. Sie brauchen daher ein Lehrbuch, das Ihnen in knappen und klaren Darstellungen aufzeigt, wo und wie Sie den Inhalt des schulischen Deutschunterrichts in Ihrem Studium umsetzen können müssen. Diese Darstellungen will ich Ihnen mit diesem Buch geben.

2 Methodik dieses Buches

In der Schule wurden Aufsätze geschrieben. Die Gattungen „Texterschließung" und „Problemerörterung" werden Sie von der Oberstufe bis ins Abitur hinein begleitet haben. Beide Aufsätze folgen der Struktur der klassischen Trias, d. h. sie beinhalten eine Einleitung, einen Hauptteil und einen Schluss. Wenn Ihnen das in Ihrer Schulzeit noch nicht ganz klar war, dann sollten Sie spätestens jetzt über den Sinn dieser Dreiteilung nachdenken. Denn jeder der drei Teile erfüllt eine ganz spezifische Funktion. Unabhängig von der Aufsatzgattung und daher sehr allgemein kann man behaupten, dass die Einleitung die Vorarbeit leistet, während im Hauptteil in mehreren Schritten ein Ergebnis erarbeitet wird, das man im Schlussteil präsentiert. Ihr Ergebnis wird durch diese Dreiteilung nicht notwendig richtig, ohne sie aber mit hohem Risiko falsch. Zur Klarstellung: Selbstverständlich haben das Erschließen eines Textes und das Erörtern einer Streitfrage nicht die Präzision und Exaktheit einer mathematischen Aufgabenlösung. Denn diese hat nun mal nur ein bestimmtes Ergebnis, während verschiedene Verfasserinnen und Verfasser eines Aufsatzes zum gleichen Thema zu verschiedenen Ergebnissen kommen, die alle mehr oder weniger vertretbar, aber keinesfalls notwendig sind. Das bedeutet indes nicht, dass der Weg zum Ziel beliebig variabel wäre. In dieser Hinsicht sind sich die Deutsch- und die Mathematikaufgabe gleich: Die Einhaltung des Lösungsweges, d. h. die Bindung an eine bestimmte Form erst führt zum Erfolg. Das werden Sie vielleicht im Geschichtsunterricht bemerkt haben. Ich erinnere mich, wenn ich an meine Schulzeit zurückdenke, jedenfalls an kaum eine Prüfung, in der nicht die Erschließung einer historischen Textquelle verlangt war. Wer nun im Deutschunterricht nicht aufgepasst hatte, dem drohten auch hier unschöne Korrekturanmerkungen – etwa: „Einordnung in den historischen Kontext fehlt" (das wäre in der Einleitung zu leisten gewesen) oder „Ergebnis nicht ganz nachvollziehbar" (möglicherweise ein Hinweis darauf, dass der Bearbeiter interpretiert hat, ohne zuvor analysiert zu haben, dass also die Struktur des Hauptteils missachtet wurde).

Im Studium wird es Ihnen nicht anders ergehen. In der Regel wird man Sie – ebenso wie im Geschichtsunterricht – nicht dazu auffordern, einen Aufsatz zu schreiben, wie Sie ihn aus dem Deutschunterricht kennen. Die gedanklichen Schritte, die der Aufsatz formal in drei separate Teile packt, müssen Sie dennoch gehen, auch wenn Sie sie am Ende nicht alle zu Papier bringen werden. Ein Beispiel: Wenn Sie etwa entscheiden wollen, ob das Gesetz mit dem Begriff „sofort" einen Zeitraum von wenigen Stunden oder aber doch einigen Tagen meint, dann integrieren Sie dazu in Ihrer Hausarbeit – einem juristischen Gutachten – keinen Aufsatz aus Einleitung, Hauptteil und Schluss. Vielmehr setzten Sie sofort mit den Argumenten ein. Nichtsdestotrotz müssen Sie sich auch bei Ihrer Hausarbeit fragen, wieso Sie argumentieren, d. h. wieso die streitige Frage überhaupt entschieden werden muss – eine nicht notwendige Entscheidung wäre ein schwerer Fehler! –, wie Sie argumentieren wollen und dementsprechend wie Sie Ihre Argumente anordnen müssen, um mit ihnen zu überzeugen. Mit diesen Fragen würden Sie sich, wenn Sie einen Aufsatz schreiben würden, in der Einleitung beschäftigen.

Auch wenn Sie also im Studium vornehmlich eine Lösung erarbeiten, wie sie beim Aufsatz der Hauptteil leistet, bedarf es einer gedanklichen Vorarbeit. Daneben sollten Sie wissen, wie Sie Ihr Ergebnis präsentieren, und sich daher auch in Erinnerung rufen, was der Schlussteil eines Aufsatzes beinhaltet. In methodischer Hinsicht werde ich für dieses Buch daher die aus dem Deutschunterricht bekannte Dreiteilung übernehmen und in jedem der beiden Teile einen Abschnitt der Vorarbeit (Einleitung), der Erarbeitung

(Hauptteil) und der Darstellung (Schluss) des Ergebnisses widmen. Ein willkommener Nebeneffekt: Auf diese Weise werden Sie Schritt für Schritt mit den Anforderungen an die Aufgabenstellung vertraut und können die strukturierte Vorgehensweise der Lösung erkennen. Unabhängig von Ihren Vorkenntnissen werden Sie feststellen, wie leicht das Analysieren, Interpretieren und Argumentieren mit der richtigen Technik sein kann.

3 Hinweise zur Lektüre

Damit Sie sich in diesem Buch problemlos zurechtfinden, möchte ich Ihnen zur Lektüre vorab einige Hinweise geben. Wichtige Begriffe sind im Text durch **Fettdruck** hervorgehoben, viele von ihnen finden Sie auch im Sachregister am Ende des Buches. Wissenschaftlerinnen und Wissenschaftler, die für das Thema dieses Buches bedeutende Erfolge erreicht haben, werden Ihnen in einem kleinen Infokasten vorgestellt. Damit die Lektüre nicht nur optisch, sondern auch inhaltlich anschaulich ist, werden Sie zahlreiche Beispiele entdecken. Unbedingt zu beherrschende Definitionen sind mit dem Symbol gekennzeichnet. Schließlich enthält dieses Buch Übungsaufgaben mit Lösungsvorschlägen. Diese sollen Ihnen nicht nur den Erwartungshorizont zeigen, sondern auch ermöglichen, zunächst eine eigene Lösung zu entwickeln, bevor Sie sich meinen Vorschlag ansehen.

Teil I:
Analysieren und Interpretieren

Wer etwas lernen will, sollte sich zunächst darüber im Klaren sein, wo er steht. Lassen Sie mich zu Beginn daher einen Blick auf die Vergangenheit werfen, um so das bisher angestrebte Niveau der Texterschließung zu verdeutlichen. Mit der Technik des Analysierens und Interpretierens wurden Sie – jedenfalls in Grundzügen – bereits in der Unter- und Mittelstufe konfrontiert. Spätestens in der Oberstufe werden Sie sodann einen gewissen Quantensprung erlebt haben, sind doch die Anforderungen des Abiturs in zweierlei Hinsicht spürbar verschärft:

Zunächst mussten Sie sich mit der jeweiligen Aufgabenstellung weitaus intensiver auseinandersetzen und etwa einen Text auch vor dem Hintergrund seiner Epoche und der Biographie des Autors verstehen. Es wurde von Ihnen eine tiefgründigere Untersuchung verlangt, die im Vergleich zu früheren Arbeiten einen **qualitativen Unterschied** ausmachte.

Während Sie den erhöhten Erwartungshorizont insoweit in die Aufgabenstellung nur hineinlesen konnten, sahen Sie ihr den **quantitativen Unterschied** vergleichsweise deutlich an. Denn wo Sie sich früher nur mit spezifischen Teilaspekten der Gesamtuntersuchung beschäftigten, also beispielsweise das Reimschema eines Gedichts benennen, den Text in Handlungsabschnitte untergliedern oder die Erzählperspektive des Autors aufzeigen sollten, dort wurde von Ihnen nun ganz allgemein die Analyse und Interpretation des Textes verlangt. Erwartet war also eine umfassende Bearbeitung, die alle notwendigen Aspekte berücksichtigt und die Bearbeiterin oder den Bearbeiter am Ende dazu befähigt, zur Kernaussage des Textes persönlich Stellung zu nehmen. Welche Aspekte zu den „notwendigen Aspekten" gehören, war dem Wortlaut der Aufgabenstellung allerdings nicht unmittelbar zu entnehmen. Vielmehr mussten Sie selbstständig erkennen, welche Fragen im Rahmen Ihres Aufsatzes geklärt werden mussten.

Freilich erscheint diese Einteilung in qualitative und quantitative Unterschiede als unzulänglich, bedenkt man, dass erst das Zusammenspiel von Quantität (Berücksichtigung aller relevanten Aspekte) und Qualität (intensive Beschäftigung mit dem jeweiligen Aspekt) die Erschließung des Textes ermöglicht und dass etwa die ausführliche Auseinandersetzung mit den sprachlichen Besonderheiten sowohl eine Aussage über die Qualität als auch über die Quantität der Bearbeitung zulässt. Will man daher ein Fazit ziehen, so kann dieses nur lauten, dass Sie zu Beginn der Oberstufe im Fach Deutsch mit einer Aufgabenstellung konfrontiert wurden, auf die Sie zwar schrittweise vorbereitet wurden, die Sie aber zunächst vor eine überwiegend neue Herausforderung stellte.

Dem erhöhten Erwartungshorizont haben Sie mit dem bestandenen Abitur erfolgreich Rechnung getragen. Die grundsätzliche Herausforderung aber besteht fort, mehr noch: Das Studium birgt einen zweiten Quantensprung. Dass das Erfordernis der Texterschließung mit der letzten Deutschprüfung nicht entfällt, wurde bereits angesprochen. Und inwiefern der Erwartungshorizont nun gegenüber dem einer Schulklausur nochmals erhöht ist, wird vor dem Hintergrund der unterschiedlichen Zielsetzungen klar: Der Deutschunterricht soll Ihnen die Grundlagen und mithin die technische Seite der Texterschließung vermitteln, auf der das Studium sodann aufbauen kann. Dazu werden die allgemeinen Regeln mitunter fachspezifisch ergänzt. Aber auch wenn dies nicht der Fall ist, so besteht die erhöhte Anforderung doch zumindest darin, dass neben der technischen Seite Ihrer Bearbeitung nun deren inhaltliche Qualität von weitaus größerer Bedeutung ist. Um Missverständnissen vorzubeugen: Selbstverständlich muss auch in Schulklausuren der Inhalt stimmen. Die wissenschaftliche Leistung zeichnet sich jedoch in besonderer Weise durch ihre Vollständigkeit und Detailgenauigkeit aus, weil sie im wissenschaftlichen Kontext bestehen und auf alle denkbaren Einwände vorbereitet sein muss. Studentinnen und Studenten arbeiten – anders als Schülerinnen und Schüler – ausgehend von dem Ergebnis früherer fachlicher Errungenschaften und in dem Bewusstsein, dass ihre Arbeit einen Beitrag zum **wissenschaftlichen Diskurs** leistet. Die darin liegende qualitative Herausforderung kann aber nur bestehen, wem die technische Seite der Bearbeitung keine Probleme mehr bereitet. Der erste Teil dieses Buches ist daher dem Ziel gewidmet, Sie mit der Technik des Erschließens vertraut zu machen.

1 Warum muss ich analysieren und interpretieren?

Manch eine Schülerin oder manch ein Schüler mag sich die Frage stellen, welchem Zweck es dient, Goethes *Faust* zu interpretieren. Man mag ihr oder ihm antworten, dass sie oder er den Sinn der im Deutschunterricht erworbenen Fähigkeiten möglicherweise erst zu einem viel späteren Zeitpunkt erkennen, dann aber feststellen wird, dass nicht nur die Werbung, sondern auch die Politik von der Kraft der Rhetorik lebt, und dass Menschen von Zeit zu Zeit zweideutige Botschaften versenden und etwa das lieb klingende Kompliment des Kollegen in Wahrheit einem hinterrücks gestochenen Dolch ähnelt.

Sie als (angehende) Textwissenschaftlerin oder (angehender) Textwissenschaftler haben bereits erkannt oder werden bald erkennen, wieso Sie die Fähigkeit besitzen müssen, zu analysieren und zu interpretieren. Nach meinem anfänglichen Begründungsversuch will ich Ihnen nun ein ausführliches Beispiel geben.

ex\

> Stellen Sie sich einen Deutschen und einen Engländer vor, die sich in Italien über den Kauf eines Hauses zu einem Kaufpreis von 250.000 Dollar einigen. Da der Käufer den Kauf im Nachhinein bereut, zahlt er den Kaufpreis nicht und behauptet, der Kaufvertrag sei ohnehin nie zustande gekommen, weil man sich in Wahrheit über einen Kaufpreis gar nicht geeinigt habe. Die in der Sache tätige Richterin hat nun nicht nur die Frage zu klären, welche Voraussetzungen das Recht an das Zustandekommen eines Kaufvertrages stellt, sondern muss auch beurteilen, ob diese im vorliegenden Fall erfüllt sind. Sie hat also nicht nur das Gesetz auszulegen, sondern auch zu beurteilen, ob sich die Parteien auf einen Kaufpreis geeinigt haben, was hier deshalb fraglich ist, weil sich der Kaufpreis nicht explizit z. B. auf kanadische oder auf US-Dollar bezieht. Aus dem Gesetz folgt zunächst bloß, dass ein Kaufvertrag durch Angebot und Annahme zustande kommt, wenn sich die Parteien auf den Kaufpreis geeinigt haben. Aber wie präzise müssen sich die Parteien geeinigt haben? Und lässt sich hier möglicherweise zumindest den Umständen entnehmen, welche Währung gemeint ist? Je nach dem Ergebnis der richterlichen Interpretation hat der Käufer am Ende entweder gar nichts (wenn der Kaufvertrag mangels eindeutiger

Einigung nicht zustande gekommen ist) oder aber 250.000 Dollar in einer der in Betracht kommenden Währungen zu zahlen, wobei der Wertunterschied der Währungen durchaus erheblich ins Gewicht fallen würde. Macht die Richterin dabei einen Fehler, wird ihr Urteil angreifbar. Sie sollte also analysieren und interpretieren können.

Bei genauer Betrachtung kann man die Frage, wieso man einen Text erschließen muss, aber noch anders verstehen. Denn mit dem Hinweis darauf, dass es im privaten Alltag ebenso wie im Berufsalltag eine wichtige Rolle spielt, fremde Aussagen zu verstehen, ist noch nicht erklärt, wieso es für dieses Verständnis einer besonderen Technik, namentlich der Analyse und Interpretation bedarf. Ich möchte daher, bevor wir in die Einzelheiten der Technik einsteigen, die grundsätzliche Frage stellen, wieso man Sprache überhaupt erschließen muss, um sie zu verstehen.

Um diese Frage beantworten zu können, muss man zunächst wissen, was Sprache ist und wie sie funktioniert. Definieren wir also:

d\

Sprache ist ein soziokulturelles und die sprachliche Kommunikation ein in erster Linie menschliches Phänomen, das – in seiner sozialen Dimension, d. h. fernab des Monologs – zwischen zwei Personen stattfindet.

In Anlehnung an den Soziologen **Niklas Luhmann** könnte man diese beiden Alter und Ego nennen[1], fügt man ihre jeweilige Funktion hinzu, vom **Sender** und **Empfänger** sprechen. Der Sender übermittelt eine bestimmte Botschaft, die der andere empfängt. So einfach, so gut.

who is who\

Niklas Luhmann (geboren am 8. Dezember 1927 in Lüneburg, gestorben am 6. November 1998 in Oerlinghausen), von Haus aus Rechtswissenschaftler, war an der Universität Bielefeld Professor der ersten

1 Niklas Luhmann, Soziale Systeme. Grundriß einer allgemeinen Theorie, Suhrkamp Verlag, Frankfurt a. M. 1987, S. 191 ff.

soziologischen Fakultät im deutschsprachigen Raum. Er ist einer der bedeutendsten Vertreter der Systemtheorie.

Genau dieser Übermittlungsvorgang ist nun aber das Problem. Denn das, was der Sender übermitteln will, nämlich die Vorstellung, etwa dass der Empfänger zum Fenster geht und dieses öffnet, kann er auf direktem Wege nicht übermitteln. Wir können von Gehirn zu Gehirn keine Bilder versenden, sondern müssen die außersprachliche Wirklichkeit mittels Sprache in einen Code übersetzen. Erst wenn der Empfänger diesen Code versteht, die vom Sender gewählten **„sprachlichen Zeichen“** also entschlüsselt, erkennt er die gedankliche Vorstellung des Senders.

Betrachtet man nun dieses „sprachliche Zeichen“, so empfiehlt sich in Anlehnung an den Linguisten **Ferdinand de Saussure** die Unterteilung in das Bezeichnete (**Signifikat**, signifié), also das Bild, auf das sich das sprachliche Zeichen bezieht, und das Bezeichnende (**Signifikant**, signifiant), mithin die Aneinanderreihung bestimmter Lexeme und Laute zur Bildung der sprachlichen Bezeichnung.[2] Damit die verständige sprachliche Kommunikation zwischen zwei Menschen funktioniert, der Empfänger also durch Entschlüsselung des Codes die Vorstellung des Senders erkennt, muss die Verknüpfung zwischen Bezeichnetem und Bezeichnendem einer Regel folgen. Sie muss sich auf eine **sprachliche Konvention** beziehen, die festlegt, dass etwa die geordnete Aneinanderreihung der Buchstaben F-E-N-S-T-E-R in ihrer optischen und akustischen Komponente zur sprachlichen Verschlüsselung dessen dient, was der Sender als Bild übermitteln will. Nur wenn sich Sender und Empfänger bei der **Codierung** und **Decodierung** auf dieselbe Konvention beziehen, erfährt der Empfänger durch die Entschlüsselung des sprachlichen Zeichens den Verweis auf das vom Sender in Bezug genommene Bild der außersprachlichen (tatsächlichen) Wirklichkeit.

2 Hierzu und zum Folgenden: Ferdinand de Saussure, Cours de linguistique générale, Edition Payot, Paris 1916, S. 97 ff.

Kommunikationsmodell

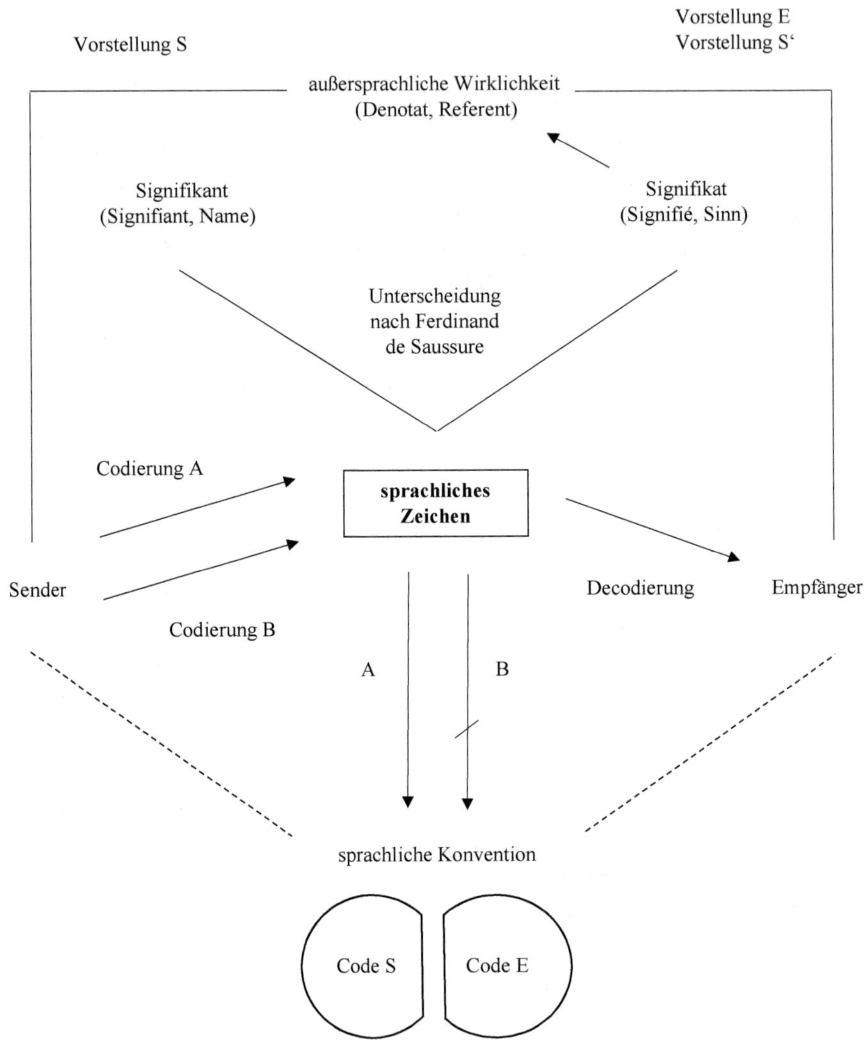

Abb. 1: Kommunikationsmodell

Ferdinand de Saussure (geboren am 26. November 1857 in Genf, gestorben am 22. Februar 1913 im Kanton Waadt) war Inhaber des Lehrstuhls für vergleichende Sprachwissenschaft an der Universität Genf. Mit seiner Auffassung von Sprache als Zeichensystem gilt er als Begründer der modernen Linguistik.

who is who

Am Ende sind wir damit allerdings nicht. Denn wenn dieses Modell den Kommunikationsprozess tatsächlich abschließend darstellt, dann muss aus ihm doch auch hervorgehen, wieso der Empfänger die Aufgabe hat, die Botschaft des Senders einer Analyse und Interpretation zu unterziehen. Man muss diese beiden Operatoren in dem Modell selbst „verorten“ können. Und das gelingt durchaus: Unterstellt man, dass jeder Sender verstanden werden will, so steht es dem einzelnen Sender gleichwohl frei, inwieweit er die Codierung des sprachlichen Zeichens von der allgemein zugrunde liegenden Konvention einer gemeinsamen Sprache entfernt, solange er ein Mindestmaß an Verständlichkeit wahrt. Innerhalb eines begrenzten Spektrums ergeben sich für ihn also zwei Möglichkeiten:

Er kann dem Empfänger zunächst klipp und klar sagen, was gemeint ist, ihn also deutlich auffordern, bitte zum Fenster zu gehen und dieses zu öffnen. Diese sachliche, **neutrale Codierung** möchte ich fortan mit dem Buchstaben A bezeichnen. Der Sender muss es dem Empfänger aber keinesfalls so einfach machen und kann etwa nur seufzend preisgeben, wie warm es doch heute in diesem Zimmer sei – selbstverständlich in der Hoffnung, der Empfänger werde den Wink verstehen und sich auch in diesem Fall zur Öffnung des Fensters veranlasst sehen. Diese Art der Codierung will ich kreative, **offene Codierung** B nennen. Während der Empfänger im ersten Fall mit der Entschlüsselung des Codes die Vorstellung des Senders unmittelbar erkennt, muss er die Aussage des Senders im zweiten Fall auslegen, also entscheiden, ob der Sender die vorhandene Wärme bloß feststellen oder aber darüber hinaus noch eine Bitte äußern wollte. Die verständige Entschlüsselungstätigkeit des Empfängers ist daher maßgeblich von der Art und Weise bedingt, mit der der Sender codiert.

Damit lässt sich für die beiden Operatoren behaupten:

d\

Analysieren heißt die Entdeckung der Art und Weise der Codierung, d. h. die Unterscheidung von A und B. In diesem Sinne ist die Analyse eine Bestandsaufnahme, eine Tatsachenermittlung, die ausschließlich der Beantwortung der Frage dient, mit welchen sprachlichen (sowie formalen und inhaltlichen) Mitteln der Sender seine Botschaft codiert. Interpretieren heißt dagegen die verständige Entschlüsselung eines sprachlichen Zeichens, das der Codierung B unterliegt.

Dabei sollte indes nicht der Eindruck erweckt werden, interpretieren bedeute stets die Ergründung der wahren Aussageabsicht des Senders. Dies ist ein möglicher, keinesfalls aber ein zwingender und noch weniger ein hinreichender Aspekt der Interpretation. In Anlehnung an den Rechtswissenschaftler **Gustav Radbruch** könnte man das geschriebene Wort mit einem Schiff vergleichen, das „bei der Ausfahrt vom Lotsen auf vorgeschriebenem Wege durch die Hafengewässer gesteuert wird, dann aber unter Führung des Kapitäns auf freier See den eigenen Kurs sucht".[3]

who is who\

Gustav Radbruch (geboren am 21. November 1878 in Lübeck, gestorben am 23. November 1949 in Heidelberg) war Reichsminister der Justiz in der Weimarer Republik und außerordentlicher Professor für Strafrecht und Rechtsphilosophie an der Universität Heidelberg. Er war einer der prägendsten Rechtsphilosophen seiner Zeit, dessen Werke internationalen Ruhm erlangten.

Liebe Empfängerin, lieber Empfänger, Sie sind der Kapitän! Denn das Verstehen eines Textes ist nicht autoren-, sondern vielmehr adressatengebunden. Zwar ließe sich behaupten, ein Text könne nur unter Bezugnahme auf seine Entstehungsgeschichte, die biographischen Hintergründe der Autorin oder des Autors und im Kontext ihrer oder seiner übrigen Werke „richtig" verstanden werden. Dann aber müsste man davon ausgehen, dass es die Aufgabe der Leserin oder des Lesers sei, gerade nur die Urheberin oder

3 Gustav Radbruch, Gesamtausgabe Band 2, Rechtsphilosophie II, C. F. Müller Verlag, Heidelberg 1993, S. 345.

den Urheber der Botschaft, nicht aber die Botschaft an sich zu verstehen. Möglicherweise wird aber die Autorin oder der Autor selbst nach der Absendung unter anderen gegebenen Umständen, vor einem anderen Erfahrungshorizont, in einer anderen zeitlichen und räumlichen Situation das Geschriebene in einer anderen Weise empfangen und verstehen, als dies zum Zeitpunkt bei oder unmittelbar nach der Absendung der Fall gewesen ist. Der Sender wird in dieser Weise gewissermaßen zum Empfänger seiner eigenen Botschaft. Niklas Luhmann lässt dieses Phänomen unbeachtet, weil er Kommunikation stets nur als soziale Operation, also als solche zwischen zwei unterschiedlichen Individuen definiert. Gerade die Absender- und Empfängergleichheit, das Zusammentreffen von Alter und Ego in einer Person zeigt indes die **Deutungsoffenheit von Kunst**.

Und wenn die Urheberin oder der Urheber die Bedeutung ihrer oder seiner Worte nicht abschließend determinieren und sich daher selbst zu einem späteren Zeitpunkt anders verstehen kann, so wäre es nicht sinnvoll, alle anderen an die ursprüngliche Aussageabsicht zu binden. Leserinnen und Leser können daher einen Text anders verstehen, als dies die Autorin oder der Autor beabsichtigte, ohne dass ihre Interpretation dadurch fehlerhaft würde, gerade auch weil die Autorin oder der Autor zum Zeitpunkt der Absendung die Reichweite ihrer oder seiner Botschaft noch gar nicht zu überblicken vermag. Die Interpretation ist nur an das sprachliche Zeichen und die Konvention, nicht aber auch an den Sender gebunden.

Damit wird auch deutlich, dass das Abweichen von dem sicheren Bereich einer gemeinsamen sprachlichen Konvention keineswegs ein bewusster und gewollter Schaffensprozess des Senders sein muss. Es geschieht vielmehr unbewusst und ist regelmäßig notwendig, weil der sichere Bereich der Konvention keineswegs so sicher ist, wie es scheint. Unsere alltägliche Sprache ist in erheblichem Maße ungenau. So kann die einfache Bekundung des Nichtwollens sowohl bedeuten, dass der Sender etwas nicht tun wird, als auch, dass er es nur widerwillig tut. Und was mit einer Sache gemeint ist, hängt davon ab, ob ich sie bei mir führe oder etwas zu ihr beitrage. Das liegt daran, dass wir uns im täglichen Umgang keiner exakten Wissenschaftssprache bedienen, die die Bedeutung eines Begriffes eindeutig definiert. Bezieht man den zeitlichen Aspekt mit ein, so kommt hinzu, dass Begriffe dem Bedeutungswandel unterliegen und in Abhängigkeit von äußeren Einflüssen ggf. eine unterschiedliche Resonanz erfahren. War die Bezeichnung „Fräulein“ vor wenigen Jahrzehnten noch eine geläufige Anredeform, erreicht sie heute fast schon die Qualität einer Beleidigung. Auf Grund dieser

Ungenauigkeit wird die Umgangssprache zwar nicht zur Kunst. Sie zeigt aber, dass diese Sprache mitunter nicht weniger deutungsoffen ist. Daher bleibt festzuhalten: Nicht nur literarische Texte, die gemeinhin als künstlerisch gelten, sondern nahezu alle sprachlichen Erzeugnisse bedürfen der Auslegung, wenn sie keine exakte wissenschaftliche Bedeutung erfahren.

Was aber ist, wenn sich der Sender völlig entfernt? Bisher war nur die Rede davon, dass sich die sprachliche Äußerung im **Kern- oder Randbereich** der gemeinsamen Konvention bewegt. Was aber muss der Empfänger tun, wenn der Sender diesen Bereich verlässt? Die Frage ist vor allem vor dem Hintergrund einer (gar nicht mehr so) jungen Entwicklung interessant, die man als Angloamerikanisierung der Sprache bezeichnen könnte. Gemeint ist damit der Umstand, dass wir heute kaum mehr Zeitung lesen, ins Kino gehen oder miteinander kommunizieren, ohne auf **Anglizismen** zu stoßen. Freilich sind derartige sprachliche Entwicklungen dem Deutschen nicht fremd, bedenkt man einmal die Fülle an französischen Begriffen, mit denen wir wie selbstverständlich umgehen: Restaurant, Terrasse, Portemonnaie, Klischee, Parfum, Salon usw. Doch gerade in dieser Selbstverständlichkeit liegt der entscheidende Unterschied: Denn während die ursprünglich französischen Begriffe in den sicheren Bereich unserer Konvention vollständig integriert sind, erleben wir die Angloamerikanisierung derzeit als noch nicht abgeschlossenen Prozess. Dies mag für „cool", „lifestyle" und einige weitere Vertreter anders sein, für „research assistants" und „understatements" mit Blick auf einen (großen) Teil der Bevölkerung aber noch gelten. Wer sich derartiger Begriffe bedient, tut dies in der Regel nicht in künstlerischer Absicht und es handelt sich hier auch nicht um eine Form der Mehrdeutigkeit des Ausdrucks, die uns bei der Umgangssprache begegnet. Gelangt der Empfänger im Rahmen seiner Analyse zu dem Ergebnis, dass der Sender „außerkonventionell" codiert (**Codierung C**), so hat er die Botschaft im nächsten Schritt also nicht so zu interpretieren, wie er eine künstlerische oder mehrdeutige Wendung (Codierung B) untersucht. Will man hier überhaupt von einer Interpretation sprechen, so kann diese nur darin bestehen, zu ergründen, warum sich der Sender so (merkwürdig) verhält.

2 Die Arbeitsschritte der Texterschließung

Mit dieser begrifflichen Festlegung der Operatoren gehen zwingende Konsequenzen in Bezug auf die Bearbeitungsmethode einher. Denn wer versteht, dass die Analyse eine Unterscheidung und die Interpretation eine an diese Unterscheidung anknüpfende weitere Untersuchung ist, der versteht auch, dass die Analyse der Interpretation gedanklich stets vorausgehen muss: **Die Analyse ist Anfang und Ende der Interpretation**.

Denn erstens kann nicht interpretiert werden, was nicht analysiert wurde.

> Ein Beispiel: Wenn E nicht erkennt, dass S seine Aussage ironisch verschlüsselt, wird E den Sinn der von S gesendeten Botschaft nicht entdecken. Denken Sie an eine Promotionsstudentin, die sich anlässlich ihrer erfolgreichen Doktorarbeit den lang gehegten Wunsch nach einer wertvollen Armbanduhr erfüllen möchte. Als sie sich für ein besonders edles Schweizer Modell entschieden hat, fragt sie der Juwelier, der in einer solchen Uhr nicht bloß ein Accessoire, sondern eine Geldanlage sieht und um die begrenzte Stückzahl des Modells weiß, ob die Studentin mehrere Exemplare erwerben möchte. Die von dieser Frage völlig überraschte Studentin entgegnet spontan: „Natürlich! Wieso nicht gleich drei?" Sie meint das nicht ernst, ist der Meinung, auf einen Scherz des Juweliers zu erwidern, und will in Wirklichkeit nur eine Uhr kaufen. Das wird unter den gegebenen Umständen das Ergebnis der Interpretation sein. Die gegebenen Umstände, aus denen dies folgt (z. B. der Tonfall der Studentin beim Antworten und ihr verdutztes Gesicht, als der Juwelier ihr die Frage stellt), sind in der Analyse zu erarbeiten. Sind dem Juwelier diese Umstände unbekannt, etwa weil das Geschäft per E-Mail abgeschlossen wird, wird er die Antwort vielleicht anders interpretieren.

ex\

Zweitens kann die Interpretation über den von der Analyse gesetzten Rahmen nicht hinausgehen, ohne zu einer nicht mehr nachvollziehbaren (Über-)Interpretation zu werden. Das Ergebnis der Interpretation darf sich von dem zugrunde liegenden Text nicht so weit entfernen, dass es in diesem keinen Anhaltspunkt mehr findet. Was nämlich keine Aussage des Textes mehr ist, kann nur eine solche der Bearbeiterin oder des Bearbeiters sein, die zwar im Rahmen einer Stellungnahme zum Text – ggf. also im Anschluss an die Interpretation –, nicht aber bei einer Interpretation des Textes zu verorten ist. Hier hat eine kritische Auseinandersetzung mit der Kernaussage des Textes zu unterbleiben.

Umgekehrt sollte möglichst kein Analyseergebnis im Rahmen der Interpretation unberücksichtigt bleiben, denn eine Interpretation, die nicht alle relevanten Aspekte des Textes beachtet, kann kaum den Anspruch für sich erheben, auf einer sicheren Grundlage zu stehen.

Daher ließe sich durchaus vertreten, das Ergebnis der Texterschließung zweigliedrig zu erarbeiten und darzustellen, nämlich in einem Analyse- und einem davon getrennten Interpretationsteil. Die Analyse beschäftigt sich mit der Ermittlung der formalen, inhaltlichen und sprachlichen Aspekte und Besonderheiten des Textes, wobei jedwede Deutung der auf diese Weise gewonnenen Ergebnisse erst bei der späteren Interpretation erfolgt.

> Die Aussage „Dieser Vergleich zeigt, dass ...“ schießt im ersten Teil über das Ergebnis hinaus, während die bloße Feststellung, dass sich in einem bestimmten Satz ein bestimmter Vergleich befinde, im zweiten Teil unzureichend ist, sofern ihr keine Einordnung dieses stilistischen Mittels in den interpretatorischen Kontext folgt.

Diese strenge Aufspaltung der Bearbeitung in zwei Teile mag zunächst befremdlich erscheinen, kann doch ein Text nur in der Zusammenschau von formalen, inhaltlichen und sprachlichen Besonderheiten und ihrer jeweiligen Bedeutung im Zusammenhang erschlossen werden, weshalb es auf den ersten Blick wohl sinnvoll wäre, die Ergebnisse der Analyse sogleich einer interpretatorischen Deutung zu unterziehen.

Zugegeben: Die Ermittlung von Tatsachen kann mitunter sogar eine Deutung voraussetzen. So kann etwa ein *Pars pro toto* als stilistisches Mittel nur festgestellt werden, wenn sicher ist, dass mit dem Teil das Ganze in Bezug genommen wird. Die meisten Stilmittel – etwa die Aufzählung, die Metapher, die Personifikation, der Vergleich, das Oxymoron, der Pleonasmus, die Tautologie, die Anapher und die Epipher – setzen eine solche Vordeutung indes nicht voraus.

Auch zugegeben: Es besteht die Gefahr der Wiederholung, wenn die Tatsachen zunächst ermittelt und sodann erst gedeutet werden. Dies aber ist eine Frage des (sprachlichen) Bearbeitungsstils, die keinen Einfluss auf solche des Aufbaus haben sollte. Der Aufbau dient allein dem Zweck, die

Ergebnisse nachvollziehbar darzustellen, und ist folglich vielmehr einer gedanklichen Strukturierung als einem stilistischen Empfinden verschrieben. Dennoch: Da die Bearbeitung selbst nicht nur logisch strukturiert, sondern, jedenfalls wenn sie schriftlich erfolgt, auch elegant formuliert sein soll, werde ich an gegebener Stelle praktische Formulierungsbeispiele aufzeigen, mit deren Hilfe sich Wiederholungen vermeiden lassen.

Letztlich zugegeben: Die Analysetätigkeit ist kein Selbstzweck. Die Trennung von Analyse und Interpretation unterstellt dies aber auch nicht. Die Analyse liefert nicht nur den Leserinnen und Lesern, sondern vor allem auch der Bearbeiterin oder dem Bearbeiter ein solides Fundament, auf das sie oder er die spätere Arbeit stützen kann. Sie ermöglicht eine klare Trennung zwischen Form, Inhalt und Sprache und eine geordnete Darstellung der Ergebnisse der Interpretation. Denn wer schon im ersten Schritt im Rahmen der Formanalyse zu interpretieren beginnt, müsste der Vollständigkeit halber auch alle diejenigen inhaltlichen und sprachlichen Merkmale erwähnen, die das Ergebnis eben dieser Deutung stützen. Damit aber würde die Darstellung der einzelnen Analyseergebnisse aufgespalten, wenngleich es doch ratsam erscheint, alle formalen Merkmale, alle sprachlichen Besonderheiten und den Inhalt in drei jeweils geschlossenen Teilen herauszuarbeiten.

Jedenfalls im Rahmen der gedanklichen Vorarbeit sollte daher zwischen Analyse und Interpretation strikt getrennt werden, nicht zuletzt deshalb, weil überhaupt erst dann interpretiert werden kann, wenn das Ergebnis der Analyse, genauer: eine Codierung B vorliegt.

Im Rahmen dieses Buches wird daher die Analyse der Interpretation vorangestellt. Das folgende Schaubild gibt Ihnen nun einen Überblick über die einzelnen Arbeitsschritte, die Sie zum Zwecke der Texterschließung nacheinander gehen müssen und die daher auch den Aufbau dieses Buches bestimmen.

Arbeitsschritte der Texterschließung

I. Gegenstand, Ziel und Methode der Erschließung *siehe dazu 3.*

1.1 Informationen über den Text

1.2 Allgemeiner Inhalt des Textes

1.2.1 Überlegungen zum Thema
1.2.2 Überlegungen zur „Story“

1.3 Ziel und Methode der Bearbeitung

II. Die Einzelheiten der Texterschließung

2.1 Die Analyse des Textes *siehe dazu 4.*

2.1.1 Die Analyse der äußeren Form
2.1.2 Die Analyse des Inhalts und der Struktur
2.1.3 Die Analyse der sprachlichen Gestaltung

2.1.3.1 allgemeine Sprachanalyse
2.1.3.2 besondere Sprachanalyse

2.2 Die Interpretation des Textes *siehe dazu 5.*

III. Die Darstellung des Ergebnisses *siehe dazu 6.*

3.1 Zusammenfassung des Ergebnisses
3.2 Möglichkeit der persönlichen Stellungnahme

Abb. 2: Arbeitsschritte der Texterschließung

3 Gegenstand, Ziel und Methode der Erschließung

Bevor Sie mit der Analyse und Interpretation eines Textes beginnen, sollten Sie drei Fragen beantworten, nämlich: Auf welchen Text beziehe ich mich? Wovon handelt er? Was ist das Ziel meiner Bearbeitung und wie gehe ich demnach vor? Diese dreiteilige Aufklärung wird Ihnen von der Einleitung des Schulaufsatzes noch bekannt sein, die nämlich ebenfalls diese drei Fragen beantworten musste. Dass man Sie mit ihnen schon im Deutschunterricht konfrontiert hat, hat den Hintergrund, dass diese Fragen, so einfach sie klingen, zu den Grundlagen des wissenschaftlichen Arbeitens zählen. Wir müssen uns mit ihnen daher näher beschäftigen.

3.1 Informationen über den Text

Sie erinnern sich daran, dass Sie die Einleitung mit einem allgemeinen „Infosatz" beginnen mussten, der alle wesentlichen Textinformationen enthielt, die (fast gänzlich) als Bearbeitungsnotiz der Aufgabenstellung zu entnehmen waren. Dazu gehörten: die Textgattung, die Autorin oder der Autor, die literarische Epoche, das Datum der (Erst-)Veröffentlichung und die Textquelle. Auch im Studium sollten Sie, in Vorbereitung auf die eigentliche Textarbeit, diese Informationen zusammentragen, weil sie erstens dem wissenschaftlichen Wert und zweitens der inhaltlichen Richtigkeit Ihrer Bearbeitung dienen. Im Einzelnen:

Wir haben bereits festgestellt, dass Sie, wenn Sie im Studium eine Aussage über einen Text treffen und diesen dazu erschließen, einen Beitrag zur wissenschaftlichen Diskussion liefern. Anders als im Schulunterricht dient Ihre Arbeit nämlich nicht der Erlernung grundlegender technischer Fähigkeiten, sondern sie hat einen unmittelbaren praktischen Bezug. Selbst wenn Ihre Bearbeitung keiner breiten Masse bekannt wird (wie das im Studium wohl die Regel ist, wenn Sie über Ihre Arbeit allenfalls vor Ihren Kommilitoninnen und Kommilitonen referieren), so gelangt sie doch zumindest in die Hände der Dozentin oder des Dozenten, die oder der sie korrigiert. Und bei ihr oder ihm handelt es sich, anders als bei der Lehrerin oder dem Lehrer an der Schule, um eine praktizierende Wissenschaftlerin oder einen praktizierenden Wissenschaftler, die oder der Ihre Arbeit nicht ausschließlich als theoretische Übung versteht. Ist es aber so, dass das, was Sie im Studium tun, kein Selbstzweck ist, sondern einen (wenn auch kleinen) Meinungsbeitrag im wissenschaftlichen Diskurs leistet, dann müssen Sie auch wissenschaftlich arbeiten. Sie müssen die Formalitäten des wissenschaftlichen Arbeitens wahren! Das gilt nicht nur für das Zitieren, sondern auch, wenn Sie sich insgesamt auf einen fremden Text beziehen, den Sie erschließen. Schon deshalb ist es geboten, dass Sie sich ausdrücklich auf einen bestimmten Text beziehen, der zu einem bestimmten Datum (erst-)veröffentlicht wurde und den Sie einer bestimmten Quelle entnommen haben. Nur so ermöglichen Sie es den anderen Teilnehmerinnen und Teilnehmern des wissenschaftlichen Diskurses, den von Ihnen erschlossenen Text aufzufinden, Ihre Aussagen nachzuvollziehen und gegebenenfalls darauf zu reagieren. Dazu zwei Beispiele:

ex\

> Denken Sie zunächst an die Erschließung politischer Reden, die möglicherweise so oder so ähnlich mehrfach (auch von derselben Rednerin oder demselben Redner) gehalten werden oder historisch in unterschiedlichen Fassungen überliefert sind. Hier müssen Sie präzise angeben, auf welche Rede in welcher Fassung Sie sich beziehen. Oder: Stellen Sie sich vor, ein Jurastudent würde sich im Rahmen seiner Hausarbeit auf eine Vorschrift beziehen, die vom Gesetzgeber inhaltlich jüngst verändert wurde. Würde der Student nun nicht klarstellen, ob er sich (noch) auf den Text in seiner alten oder (schon) in seiner neuen Fassung bezieht, wäre sein Auslegungsergebnis für andere, wenn überhaupt, nur schwer nachvollziehbar.

Autorin oder Autor, Datum der (Erst-)Veröffentlichung und Textquelle sind also stets zu Beginn der Bearbeitung anzugeben, um die formalen Anforderungen an das wissenschaftliche Arbeiten zu erfüllen. Anders verhält es sich bei der Textgattung und der literarischen Epoche. Die Beschäftigung hiermit dient der inhaltlichen Richtigkeit der Erschließung. Freilich gilt dies in gewissem Maße auch für die Autorin oder den Autor, das Datum der (Erst-)Veröffentlichung und die Textquelle. Denn es ist für die Analyse und Interpretation des Textes durchaus von Bedeutung, wer ihn wie, d. h. in welcher Form (Prosatext, Verstext), wann, mithin in welchem gesellschaftlichen Kontext, geschrieben und wo, also mithilfe welchen Verlages veröffentlicht hat.

> Bleiben wir beim obigen Beispiel: Für die Auslegung einer Rechtsvorschrift kommt es auch darauf an, ob ihre Veränderung durch den deutschen Gesetzgeber auf eine Vorgabe des europäischen Gesetzgebers zurückgeht oder nicht. Denn die Frage um den Kontext der Gesetzesänderung ist für deren Verständnis unerlässlich. Wenn Sie sich schon zu Beginn Ihrer Bearbeitung hierüber Gewissheit verschaffen, verringern Sie das Risiko, diesen relevanten Gesichtspunkt bei der späteren Erschließung des Textes zu übersehen.

3.2 Allgemeiner Inhalt des Textes

Sie haben nun gelesen, dass die Beschäftigung mit den allgemeinen Informationen über den Text auch der inhaltlichen Richtigkeit Ihrer Analyse und Interpretation dient. Gleiches gilt für den Inhalt des Textes, dem Sie in der Schule den zweiten Satz der Einleitung gewidmet haben.

Das Nachdenken über den Inhalt des Textes soll Ihnen von Anfang an klar machen, worauf sich Ihre Arbeit materiell bezieht (während die allgemeinen Informationen über den Text entsprechend den formellen Gegenstand Ihrer Arbeit betreffen). Bis zum Abitur war Ihnen möglicherweise nicht klar und daher auch in Ihrem Studium nicht bewusst, was es heißt, sich in Vorbereitung auf die Erschließung mit dem Inhalt eines Textes auseinanderzusetzen. Allerdings ist es äußerst ratsam, sich auf einer allgemeinen, d. h. von inhaltlichen Details noch unberührten Ebene die Frage zu stellen, womit Sie es zu tun haben. Denn nur dann, wenn Sie im Groben verstanden haben, wovon der Text handelt, können Sie erfolgreich mit der Detailarbeit fortfahren, ohne befürchten zu müssen, den roten Faden zu verlieren.

Dass Sie zu diesem Zwecke ein bloß grobes Textverständnis anstreben, hat zur Folge, dass sich die anfängliche Beschäftigung mit dem Inhalt in zweierlei Hinsicht von Ihrer späteren Inhaltsanalyse unterscheidet. Erstens soll nun der Inhalt des gesamten Textes kurz überblickt werden, während sich die Inhaltsanalyse – je nach dem Erwartungshorizont Ihrer Arbeit – auf einen Teilbereich des Inhalts konzentrieren kann, innerhalb dieses relevanten Bereiches aber viel ausführlicher ausgestaltet sein muss und auch die Struktur des Textes, d. h. seinen (zum Beispiel argumentativen) Aufbau berücksichtigt. Zweitens müssen Sie auch das **Thema des Textes** erfassen. Wenn ich hier vom Thema spreche, dann meine ich etwas, das über dem vordergründigen Geschehen steht. Anders als den Inhalt, die sich im Text abspielende **„Story“**, können Sie es den gelesenen Zeilen nicht unmittelbar entnehmen. Denn es ist so abstrakt, dass der konkrete Text nur eine von vielen Möglichkeiten darstellt, sich mit diesem Thema zu beschäftigen.

ex\

> Erlauben Sie mir zunächst ein ganz simples Beispiel: Thema kann etwa der Kampf des Guten gegen das Böse sein. Diesem Thema hat sich nicht nur J. K. Rowling mit ihren „Harry Potter“-Bänden, sondern auch J. R. R. Tolkien in seiner „Der Herr der Ringe“-Reihe gewidmet. Die Geschichten sind völlig unterschiedlich, sie nehmen aber dasselbe Thema in Bezug. Übertragen wir dies nun auf einen Text, der Ihnen im Studium vielleicht eher begegnen mag, so ließe sich in Bezug auf Bastian Sicks Glosse „Stop making sense!“ behaupten, dass sich der Autor thematisch mit der unreflektierten Verwendung sprachlicher Wendungen im 21. Jahrhundert (Thema) beschäftigt, was er am Beispiel der aus dem Englischen ins Deutsche übernommenen Phrase „Das macht Sinn“ (Story) verdeutlicht.

Man könnte das Thema als vorweggenommene, **hypothetische Kurzinterpretation** bezeichnen, über die Sie abschließend erst dann entscheiden können, wenn Sie den gesamten Text analysiert und interpretiert haben. Die Behauptung Ihres Themas soll mithin durch die sich anschließende genauere Auseinandersetzung mit dem Text verifiziert werden. Gemessen an der (regelmäßigen) Deutungsoffenheit eines Textes ist es sodann nicht verwunderlich, dass für das Thema zumeist mehrere Alternativen zur Verfügung stehen. Der Schülerin oder dem Schüler war an dieser Stelle geraten: Geben Sie in der Einleitung nicht alle denkbaren Themen an, sondern entscheiden Sie sich für dasjenige Thema, das auch den Schwerpunkt Ihrer Interpretation darstellen wird. Wissenschaftlich arbeitende Studentinnen und Studenten müssen hingegen alle Themen berücksichtigen. Und gerade dadurch, dass Sie eine Aussage in einen anderen Kontext stellen, können Sie häufig die Eigenständigkeit Ihrer Arbeit begründen.

ex\

> Nehmen wir als Beispiel den „Mythos von Sisyphos“, einen Text des französischen Schriftstellers Albert Camus, der vor allem Philosophiestudentinnen und -studenten bekannt sein dürfte. Es handelt sich um einen Klassiker der existentialistischen Philosophie, mit dem Camus zweifellos den menschlichen Umgang mit der Absurdität der Welt thematisiert, womöglich die Frage nach dem Sinn unseres Daseins stellt

> und nicht zuletzt eine Anleitung für ein erfülltes Leben gibt. Aus diesem Grunde mag man den Existentialismus vielleicht auch als Glücksphilosophie verstehen, obgleich er sich jedenfalls vordergründig, d. h. im Kern weder mit dem Begriff des Glücks noch mit den Möglichkeiten des Glücklichseins beschäftigt. Es wäre aber allemal eine Untersuchung wert, inwiefern hier Überschneidungen bestehen. Denn sollen wir uns – in Camus' Worten – Sisyphos zuletzt nicht „als einen glücklichen Menschen" vorstellen?

3.3 Ziel und Methode der Bearbeitung

Der dritte Satz Ihrer Einleitung musste schließlich Bezug auf das Ziel und die Methode Ihrer Bearbeitung nehmen. In der Schule wird dieser Satz häufig als Überleitung bezeichnet, weil er formal zwischen Einleitung und Hauptteil steht und sich inhaltlich bereits mit dem Hauptteil beschäftigt. Sie werden – formelmäßig – diesen oder einen ähnlichen Satz auswendig gelernt haben: „Die formalen und sprachlichen Besonderheiten (oder Merkmale) sollen nun ebenso wie der Inhalt und der Aufbau des Textes Gegenstand einer Analyse und Interpretation sein." Gemessen an der Tatsache, dass das Ziel Ihrer Arbeit in der Schule durch die Aufgabenstellung stets klar vorgegeben war, kam diesem Satz keine große Bedeutung zu. Sie mussten den Text nach der im Unterricht besprochenen Methode analysieren und interpretieren, vielleicht auch mal mit einem anderen Text vergleichen und daher eine „vergleichende Interpretation" ankündigen. Mehr aber war von Ihnen im Überleitungssatz nicht verlangt.

Im Studium ist das anders. Die Festlegung von Ziel und Methode einer wissenschaftlichen Arbeit wird Ihnen regelmäßig weitaus schwerer fallen und Sie werden sich damit im Vorfeld intensiv auseinandersetzen müssen. Ihre Dozentin oder Ihr Dozent gibt Ihnen nämlich regelmäßig bloß das Thema vor, dem sich Ihre Arbeit widmen soll, schweigt aber dazu, wie Sie vorgehen müssen, um die Erwartungen zu erfüllen. Hinzukommt, dass das Thema in der Regel so umfangreich ist, dass Sie es innerhalb der zur Verfügung stehenden Zeit oder aufgrund des reduzierten Umfangs Ihrer Arbeit gar nicht in der möglichen Breite bearbeiten können. Sie stehen damit vor zwei Fragen, die über den Erfolg Ihrer Leistung entscheiden: Wie grenze ich das Thema am sinnvollsten ein, d. h. welchem präzisen Ziel widme ich meine Arbeit? Und auf welchem Weg, d. h. mit welcher Methode kann ich dieses Ziel erreichen?

Es gibt darauf keine allgemeingültigen Antworten. Ganz generell müssen Sie das Thema jedoch so eingrenzen, dass Sie einerseits die formalen Anforderungen hinsichtlich der Bearbeitungszeit und des Bearbeitungsumfangs erfüllen und andererseits trotz dieser Eingrenzung noch einen inhaltlich wertvollen Beitrag leisten. Denn die **Eingrenzung des Themas** dient dazu, Ihre Arbeit nicht so sehr ausufern zu lassen, dass Sie damit gänzlich überfordert werden, sondern zu einem sinnvollen (Teil-) Ergebnis gelangen. Den Anspruch auf Vollständigkeit können Sie im Rahmen einer Hausarbeit kaum je erheben, geschweige denn einlösen, also treffen Sie vorab Entscheidungen zum Fokus. Und die Festlegung Ihrer **Bearbeitungsmethode** hat den Zweck, übersichtlich, verständlich und wissenschaftlich korrekt zu arbeiten.

ex\

Wenn Sie untersuchen, wie das Rechtssystem von externen Einflüssen (z. B. Medien, Literatur) beeinflusst wird, so könnten Sie diesem Thema in Anbetracht der Menge rechtstheoretischer Ansätze ganze Bände widmen. Möglich wäre es hier entweder, sich auf einen bestimmten rechtstheoretischen Ansatz festzulegen und diesen ausführlich zu behandeln, oder aber mehrere Ansätze in deutlich reduzierter Form darzustellen. Auch müssen Sie entscheiden, ob von Ihnen bloß die Zusammenstellung bereits im wissenschaftlichen Diskurs vorhandener Lösungsvorschläge oder aber eine eigenständige gänzlich neue Sichtweise verlangt wird, mit der Sie den Diskurs erweitern. Auch in methodischer Hinsicht müssen Sie Entscheidungen treffen: Stellen Sie etwa zuerst alle relevanten Rechtstheorien dar (Kapitel 1: Theoretische Grundlagen) und untersuchen Sie im Anschluss daran erst die Beeinflussung des Rechts (Kapitel 2: Einflüsse in der Praxis) oder untergliedern Sie Ihre Arbeit in mehrere kleinere, dafür aber jeweils in sich geschlossene Kapitel, die sich je einer Rechtstheorie in Theorie und Praxis widmen (Kapitel 1: Der Ansatz von Gunther Teubner, Kapitel 2: Der Ansatz von Jürgen Habermas usw.)?

Wie Sie sich am Ende entscheiden, hängt von der jeweiligen Situation ab, in der Sie Ihre wissenschaftliche Arbeit schreiben. Wichtig ist vor allem, dass Sie sich überhaupt mit diesen Fragen beschäftigen und dass Sie Ihre Leserinnen und Leser zu Beginn Ihrer wissenschaftlichen Arbeit über die Entscheidungen im Hinblick auf das Ziel und die Methode informieren.

Damit zurück zur Texterschließung. Ziel und Methode sind hier an sich klar: Sie wollen den Text verstehen und müssen ihn daher analysieren und interpretieren. Hinsichtlich der methodischen Einzelheiten des analytischen und interpretatorischen Arbeitens werde ich Ihnen sogar klare Anweisungen geben. Und dennoch müssen Sie sich auch vor der Texterschließung Gedanken darüber machen, was Sie wie mit Ihrer Erschließung erreichen wollen.

> So könnten Sie beispielsweise untersuchen, welche realpolitischen Gegebenheiten eine Autorin in ihrem Text verarbeitet hat oder welche Wirkungen der Text umgekehrt auf das zeitpolitische Geschehen hatte. Oder möchten Sie untersuchen, ob die Autorin tatsächlich die politische Haltung durchblicken lässt, die ihr die Forschung gemeinhin attestiert?

Anders als im Schulunterricht werden Sie sich im Studium regelmäßig mit solchen „Sonderfragen" beschäftigen, also einen Text nicht allgemein, sondern im Hinblick auf ein besonderes Ziel erschließen. Welches Ziel dies ist, ob Sie es sinnvollerweise eingrenzen und mit welcher Vorgehensweise Sie es am besten erreichen, müssen Sie am Anfang Ihrer Erschließung für sich und Ihre Leserinnen und Leser festlegen.

Übungsaufgabe
Nehmen Sie an, dass Sie anhand des folgenden Textes von Albert Camus untersuchen möchten, inwiefern die griechische Mythologie Eingang in die Philosophie des 20. Jahrhunderts gefunden hat. Wie bereiten Sie sich auf die Erschließung vor?

Albert Camus: Der Mythos von Sisyphos

Die Götter hatten Sisyphos dazu verurteilt, unablässig einen Felsblock einen Berg hinaufzuwälzen, von dessen Gipfel der Stein von selbst wieder hinunterrollte. Sie hatten mit einiger Berechtigung bedacht, daß es keine fürchterlichere Strafe gibt als eine unnütze und aussichtslose Arbeit.

Wenn man Homer Glauben schenken will, war Sisyphos der weiseste und klügste unter den Sterblichen. Nach einer anderen Überlieferung jedoch betrieb er das Gewerbe eines Straßenräubers. Ich sehe darin keinen Widerspruch. Über die Gründe, weshalb ihm in der Unterwelt das Dasein eines unnützen Arbeiters beschert wurde, gehen die Meinungen auseinander. Vor allem wirft man ihm eine gewisse Leichtfertigkeit im Umgang mit den Göttern vor. Er gab ihre Geheimnisse preis. Egina, die Tochter des Asopos, wurde von Jupiter entführt. Der Vater wunderte sich über ihr Verschwinden und beklagte sich darüber bei Sisyphos. Der wußte von der Entführung und wollte sie Asopos unter der Bedingung verraten, daß er der Burg von Korinth Wasser verschaffte. Den himmlischen Blitzen zog er den Segen des Wassers vor. Dafür wurde er in der Unterwelt bestraft. Homer erzählt uns auch, Sisyphos habe den Tod in Ketten gelegt. Pluto konnte den Anblick seines stillen, verödeten Reiches nicht ertragen. Er verständigte den Kriegsgott, der den Tod aus den Händen seines Überwinders befreite.

Außerdem heißt es, Sisyphos wollte, als er zum Sterben kam, törichterweise die Liebe seiner Frau erproben. Er befahl ihr, seinen Leichnam unbestattet auf den Markt zu werfen. Sisyphos kam in die Unterwelt. Dort wurde er von ihrem Gehorsam, der aller Menschenliebe widersprach, derart aufgebracht, daß er von Pluto die Erlaubnis erwirkte, auf die Erde zurückzukehren und seine Frau zu züchtigen. Als er aber diese Welt noch einmal geschaut, das Wasser und die Sonne, die warmen Steine und das Meer wieder geschmeckt hatte, wollte er nicht mehr ins Schattenreich zurück. Alle Aufforderungen, Zornausbrüche und Warnungen fruchteten nichts. Er lebte noch viele Jahre am Golf, am leuchtenden Meer, auf der lächelnden Erde und mußte erst von den Göttern festgenommen werden. Merkur packte den Vermessenen beim Kragen, entriß ihn seinen Freunden und brachte ihn gewaltsam in die Unterwelt zurück, in der sein Felsblock schon bereitlag.

Kurz und gut: Sisyphos ist der Held des Absurden. Dank seinen Leidenschaften und dank seiner Qual. Seine Verachtung der Götter, sein Haß gegen den Tod und seine Liebe zum Leben haben ihm die unsagbare Marter aufgewogen, bei der sein ganzes Sein sich abmüht und nichts zustande bringt. Damit werden die Leidenschaften dieser Erde bezahlt. Über Sisyphos in der Unterwelt wird uns nichts weiter berichtet. Mythen sind dazu da, von der Phantasie belebt zu werden. So sehen wir nur, wie ein angespannter Körper sich anstrengt, den gewaltigen Stein fortzubewegen, ihn hinaufzuwälzen und mit ihm wieder und wieder einen Abhang zu erklimmen; wir sehen das verzerrte Gesicht, die Wange, die sich an den Stein schmiegt, sehen, wie eine Schulter sich gegen den erdbedeckten Koloß legt, wie ein Fuß ihn stemmt und der Arm die Bewegung aufnimmt, wir erleben die ganz menschliche Selbstsicherheit zweier erdbeschmutzter Hände. Schließlich ist nach dieser langen Anstrengung (gemessen an einem Raum, der keinen Himmel, und an einer Zeit, die keine Tiefe kennt) das Ziel erreicht. Und nun sieht Sisyphos, wie der Stein im Nu in jene Tiefe rollt, aus der er ihn wieder auf den Gipfel wälzen muß. Er geht in die Ebene hinunter.

Auf diesem Rückweg, während dieser Pause, interessiert mich Sisyphos. Ein Gesicht, das sich so nahe am Stein abmüht, ist selber bereits Stein! Ich sehe, wie dieser Mann schwerfälligen, aber gleichmäßigen Schrittes zu der Qual hinuntergeht, deren Ende er nicht kennt. Diese Stunde, die gleichsam ein Aufatmen ist und ebenso zuverlässig wiederkehrt wie sein Unheil, ist die Stunde des Bewußtseins. In diesen Augenblicken, in denen er den Gipfel verläßt und allmählich in die Höhlen der Götter entschwindet, ist er seinem Schicksal überlegen. Er ist stärker als sein Fels.

Dieser Mythos ist tragisch, weil sein Held bewußt ist. Worin bestünde tatsächlich seine Strafe, wenn ihm bei jedem Schritt die Hoffnung auf Erfolg neue Kraft gäbe? Heutzutage arbeitet der Werktätige sein Leben lang unter gleichen Bedingungen, und sein Schicksal ist genauso absurd. Tragisch ist es aber nur in den wenigen Augenblicken, in denen der Arbeiter bewußt wird. Sisyphos, der ohnmächtige und rebellische Prolet der Götter, kennt das ganze Ausmaß seiner unseligen Lage: über sie denkt er während des Abstiegs nach. Das Wissen, das seine eigentliche Qual bewirken sollte, vollendet gleichzeitig seinen Sieg. Es gibt kein Schicksal, das durch Verachtung nicht überwunden werden kann. [...]

(Albert Camus, Der Mythos von Sisyphos, Ein Versuch über das Absurde, Rowohlt Taschenbuch Verlag, Reinbek 1959, S. 98-101.)

Lösungsvorschlag

Zunächst müssen Sie alle relevanten (formellen) Informationen über den Text zusammentragen. Da Sie diese Ihren Leserinnen und Lesern, wenn Sie eine wissenschaftliche Arbeit schreiben, auch präsentieren müssen, gebe ich Ihnen mit dem folgenden Satz ein Formulierungsbeispiel: „Der philosophische Essay (Gattung) 'Der Mythos von Sisyphos. Ein Versuch über das Absurde' (Titel) von Albert Camus (Autor) wurde im Jahre 1942 (Datum der Erstveröffentlichung) im Pariser Verlag Editions Gallimard (Name und Sitz des Verlags) veröffentlicht und ist vorliegend der Rowohlt Taschenbuchausgabe von 1995 (Quelle) entnommen." Freilich können Sie Autor, Titel und Quelle auch in einer Fußnote nennen und die übrigen Informationen gesondert an der Stelle der Interpretation

liefern, an der sie relevant werden. Sie sollten aber alle Informationen von Anfang an vorliegen haben.
Im zweiten Schritt definieren Sie den materiellen Bezugspunkt Ihrer Arbeit, beschäftigen sich also mit deren Inhalt. Was das Thema angeht, so wurde dieses im Zusammenhang mit Thema und „Story" bereits angesprochen (s. o. I.3.2): Camus thematisiert den Kontrast zwischen der Absurdität der Welt und der menschlichen Suche nach dem Sinn des Lebens. Was das vordergründige Geschehen (die „Story") angeht, so präsentiert uns Camus die mythologische Gestalt des Königs Sisyphos, der von den Göttern zu einer schier sinnlosen Aufgabe in der Unterwelt verurteilt wurde. Zuletzt definieren Sie das Ziel und die Methode Ihrer Arbeit. Aus der Aufgabenstellung folgt bereits, dass Sie den Text nicht bloß allgemein erschließen, sondern anhand des Textes die Frage beantworten sollen, „inwiefern die griechische Mythologie Eingang in die Philosophie des 20. Jahrhunderts gefunden hat". Da Sie das an sich weit formulierte Thema „Rezeption der griechischen Mythologie in der neuzeitlichen Philosophie" ausschließlich an dem vorgegebenen Text untersuchen sollen, ist das Ziel Ihrer Arbeit von vornherein in zweifacher Hinsicht einzugrenzen: Erstens ist nicht die gesamte griechische Mythologie, sondern bloß die Gestalt des Sisyphos relevant, und zweitens wird aus dem weiten Spektrum der Philosophie des 20. Jahrhunderts der Existentialismus des Philosophen Camus ausgewählt. Wer nun meint, mit dieser Eingrenzung sei das Ziel abschließend definiert, verkennt einen wesentlichen Punkt. Denn Sie haben nun zwar festgelegt, anhand welcher mythologischen Figur und anhand welcher neuzeitlichen Philosophie Sie etwas zeigen möchten. Sie haben aber noch nicht geklärt, was Sie zeigen möchten. Die Aufgabenstellung verlangt die Darstellung, „inwiefern" die Mythologie „Eingang" in die Philosophie gefunden hat. Das könnte dreierlei bedeuten: Möglicherweise sollen Sie bloß untersuchen, ob sich die neuzeitliche Philosophie thematisch überhaupt mit der griechischen Mythologie beschäftigt, was auf Camus' philosophischen Essay zweifellos zutrifft. Dann wäre Ihre Arbeit schnell getan und die in der Aufgabenstellung verwendete Konjunktion „inwiefern" bliebe bedeutungslos. Will man ihr aber Bedeutung verleihen, so muss zumindest auch untersucht werden, ob Camus die Figur des Sisyphos und ihre Geschichte für die Zwecke seines Essays weiterentwickelt hat oder ob er der Überlieferung

treu geblieben ist. Ihre Arbeit würde sich dann vor allem mit der „Story“ des Textes befassen. Zuletzt könnte man aus der Aufgabenstellung auch die Frage herauslesen, ob und inwiefern die griechische Mythologie das neuzeitliche philosophische Denken beeinflusst hat, ob also die Geschichte des Sisyphos von Camus nicht nur gewählt wurde, um seinen philosophischen Ansatz der Leserin oder dem Leser bildhaft zu veranschaulichen, sondern weil ihn das Schicksal des Sisyphos zu seinem existentialistischen Denken erst inspiriert hat. Es wäre dann zu zeigen, welche Schnittpunkte zwischen der antiken und der modernen Lehre in Bezug auf die Frage nach dem Sinn des Lebens bestehen. Der Schwerpunkt Ihrer Arbeit läge dann nicht auf der „Story“, sondern auf dem Thema des Textes.

In Abhängigkeit davon, wie Sie sich entscheiden, müssen Sie auch Ihre Methode wählen. Wenn Sie bloß untersuchen, wie Camus die Überlieferungen zu Sisyphos verarbeitet hat, dann müssen Sie in einem ersten Schritt diese Überlieferungen darstellen und in einem zweiten Schritt aufzeigen, ob und inwiefern der Camus’sche Text von ihnen abweicht. Arbeiten Sie aber heraus, ob und inwieweit der Existentialismus an antike Lehren anknüpft, dann müssen Sie sich nicht nur mit der antiken griechischen Philosophie, sondern auch mit dem philosophischen Ansatz des Textes auseinandersetzen. In beiden Fällen ist es erforderlich, dass Sie den Text erschließen, entweder um die Gemeinsamkeiten und Unterschiede in Bezug auf die „Story“ oder aber in Bezug auf das Thema darzustellen. Denn das können Sie nur, wenn Sie die „Story“ und das Thema des Textes verstehen.

4 Die Analyse des Textes

Bevor wir in die Einzelheiten der analytischen Arbeit einsteigen, sollten Sie sich, so wie es auch mit den drei vorbereitenden Fragen geschehen ist, (nochmals) bewusst machen, wieso Sie analysieren. Denn vielleicht stellt sich Ihnen diese Frage, wenn ich Ihnen aufgebe, die Definition des Stilmittels „Hendiadyoin" zu lernen. Sie stellt sich sicher, wenn es bald darum geht, die Silben eines Verses zu zählen.

Die Notwendigkeit, einen Text zu erschließen, wurde sprachtheoretisch bereits mit Hilfe der Unterscheidung zwischen Signifikant und Signifikat begründet. Dabei wurde die Analyse als Vorstufe zur Interpretation bezeichnet, deren Ziel die reine Bestandsaufnahme ist. In diesem Kontext sollten Sie erstens lernen, dass der Empfänger die Aussage des Senders regelmäßig interpretieren muss, um sie zu verstehen, und zweitens, dass er die Aussage vor ihrer Interpretation analysieren muss. Hier, wo es nun um die Analyse geht, bleibt nur noch zu klären, wieso sich der Empfänger akribisch mit der Form, dem Inhalt und der Sprache des Textes auseinanderzusetzen hat.

ex\

Wenn jemand vier Strophen zu je fünf Versen bildet, die allesamt zwölf Silben lang sind, dann macht er das nicht unbewusst, nicht zufällig und nicht bloß zu seinem Vergnügen. Diese strenge Form wird mit der Aussage, die der Verstext enthält, möglicherweise in einem engen Zusammenhang stehen. Schauen Sie sich dagegen moderne Liebesgedichte an, die eine einheitliche Form ganz vermissen lassen, wenn es den Autorinnen und Autoren inhaltlich um zerstörtes Glück, enttäuschte Hoffnungen oder den Sieg des Alltags über ihre Gefühle geht. Verstehen Sie mich hier aber nicht falsch: Die äußere Form muss nicht zwingend dem Inhalt des Textes folgen. Die Autorin oder der Autor kann auch eine ganz eigene (über den Inhalt des Textes hinausgehende) Aussage dadurch treffen, dass sie oder er Inhalt und Form gezielt in Widerspruch zueinander setzt. Bleiben wir im Beispiel: Wird in strenger Sonettform darüber gesprochen, dass sich die Eheleute immer fremder werden, dann deutet das möglicherweise auf den Widerspruch zwischen dem tatsächlich nicht geführten Eheleben einerseits (Inhalt) und dem auf Dauer eingegangenen, nach außen

> sichtbaren und rechtlich verbindlichen Bund der Ehe andererseits (Form) hin.

Die Antwort ist also vergleichsweise einfach: Alle Einzelheiten der Form, des Inhalts und der Sprache sind für die Interpretation des Textes von Bedeutung.

4.1 Die Analyse der äußeren Form

Wenn ich von der Analyse der Form spreche, so meine ich damit in erster Linie die äußere Form des Textes, also das, was die Leserin oder der Leser sieht, noch bevor sie oder er den Text überhaupt gelesen hat. Sie stellen sich also zunächst die Frage: **„Was sehe ich?“** und berücksichtigen bei einem erzählenden Prosatext die Textlänge und die Anzahl der Absätze, im Falle eines Gedichts die Anzahl von Strophen und Versen. Anschließend vervollständigen Sie Ihre Ergebnisse mittels aller Merkmale des Textes, die mit dieser äußeren, auf den ersten Blick sichtbaren Form unmittelbar zusammenhängen. Das bedarf näherer Erläuterungen:

Bei einem Prosatext untergliedern Sie den Text zusätzlich in **Sinnabschnitte**, also in solche Textausschnitte, die aufgrund ihrer Funktion inhaltlich zusammenhängen.

> So kann sich ein die These der Autorin oder des Autors stützendes Argument (etwa im Falle einer Glosse oder einer politischen Rede) über zwei oder mehrere Absätze erstrecken, weil die Autorin oder der Autor auf unterschiedliche inhaltliche Aspekte dieses Arguments hinweisen möchte. Funktionell betrachtet handelt es sich jedoch um ein Argument, sodass die mehreren Absätze zu einem Sinnabschnitt zusammengefasst werden können.

Die Untergliederung in Sinnabschnitte setzt eine Analyse des inhaltlich-strukturellen Aufbaus des Textes voraus, die streng genommen zu der Inhaltsanalyse gehört, die auf die Formanalyse folgt. Dass Sie damit einen Teil der Inhaltsanalyse vorwegnehmen, ist unschädlich, denn die Differenzierung nach Sinnabschnitten dient gerade als Überleitung zwischen Form- und Inhaltsanalyse. Sie hängt sowohl mit der äußeren Form des Textes als auch mit dessen Aufbau zusammen und ermöglicht es Ihnen, die sich anschließende Inhaltsanalyse den Sinnabschnitten gemäß zu ordnen („Der erste Sinnabschnitt [Z. 1-15] befasst sich mit ...").

Im Falle eines Gedichts, das Ihnen etwa im Germanistik-, Geschichts-, Politik- oder Theologiestudium begegnet, untersuchen Sie zusätzlich zunächst die **Verslänge**, also die Anzahl der Silben (und nicht der Wörter!) in jedem Vers. Dafür müssen Sie ggf. auf Wörterbücher zurückgreifen, die im Zweifelsfall die Silbenanzahl eines Wortes klären.

ex\

> So könnte man die in Arno Holz' naturalistischem Gedicht „Ihr Dach stieß fast bis an die Sterne" verwendeten Wörter „parterre" und „Genius" sowohl dreisilbig („par-ter-re" bzw. „Ge-nius") als auch zweisilbig („par-terre" bzw. „Gen-ius") lesen. Interessant ist hier, dass das Adverb „parterre" zweisilbig, das dazugehörige Substantiv „Parterre" aber dreisilbig ist.

Die Feststellung der Verslänge dient Ihnen gewissermaßen als Vorarbeit zu der sich anschließenden Bestimmung des **Metrums**, bei der Sie am besten jede betonte Silbe mit einer Hebung und jede unbetonte Silbe mit einer Senkung markieren. Orientieren Sie sich dabei an der natürlichen Sprachmelodie. Versuchen Sie also nicht, die Regelmäßigkeit eines bestimmten Metrums innerhalb eines Verses oder einer Strophe zu erzwingen, etwa indem Sie eine üblicherweise betonte Silbe unbetont lesen. Stellen Sie ein regelmäßiges (oder jedenfalls überwiegend regelmäßiges) Metrum fest, so können Sie je nach Anordnung der Hebungen und Senkungen und unter Berücksichtigung der Anzahl der Hebungen pro Vers (z. B. fünf- oder sechshebiger Jambus) das Versmaß wie folgt benennen:

Der **Jambus** (unbetont – betont: „Du siehst, wohin du siehst, nur Eitelkeit auf Erden.") ist der „Steiger". Er hat aufgrund der Anordnung von Senkung und Hebung im Allgemeinen einen fröhlichen Charakter. Der **Trochäus** (betont – unbetont: „Hat der alte Hexenmeister sich doch einmal wegbegeben!") ist im Gegensatz dazu der „Faller". Da jeder betonten Silbe eine unbetonte folgt, wirkt er eher melancholisch und trist. Die Metren **Daktylus** (betont – unbetont – unbetont: „Blau ist der Himmel und grünend das Land.") und **Anapäst** (unbetont – unbetont – betont: „Und es wallet und siedet und brauset und zischt") merken Sie sich am besten, indem Sie sie selbst der Anordnung ihrer jeweiligen Hebungen und Senkungen entsprechend betonen (also: Dak-ty-lus, A-na-päst).

Zwischen der Untersuchung des Metrums und der des Reimschemas betrachten Sie die metrische Form des Versschlusses, also die sogenannte **Kadenz**. Von einer männlichen (einsilbig stumpfen: „Wer reitet so spät durch Nacht und Wind?") Kadenz spricht man, wenn der Vers mit einer Hebung endet. Folgen auf diese Hebung dahingegen eine oder zwei unbetonte Silben, liegt im ersten Fall eine weibliche (zweisilbig klingende: „Fest gemauert in der Erden") und im zweiten eine reiche (dreisilbig gleitende: „schmerzliche, märzliche, singende") Kadenz vor.

Anschließend und abschließend beschäftigen Sie sich – soweit vorhanden – mit den Reimen des Gedichts, wobei Sie sowohl die Art als auch die Stellung des Reims und das Reimschema berücksichtigen. In Bezug auf die **Reimart** unterscheiden Sie reine (z. B. geklungen – gesungen) von unreinen (z. B. erkannt – bedankt) Reimen. Mit der **Reimstellung** ist der Ort gemeint, an dem sich die beiden reimenden Wörter befinden. Möglich sind Anfangsreime (Reime der beiden ersten Wörter zweier Verse), Endreime (Reime der beiden letzten Wörter zweier Verse) und „Innenreime" (Reime zweier Wörter innerhalb eines Verses), wobei Sie hier wiederum zwischen dem Binnenreim (Reim des Versendes mit einem Wort des Versinneren) und dem Schlagreim (Reim zweier in einem Vers aufeinanderfolgender Wörter) differenzieren. Hinsichtlich der Anfangs- und Endreime können Sie häufig ein bestimmtes Muster feststellen. Dieses **Reimschema** kann sich aus Paarreimen (a-a-b-b), Kreuzreimen (a-b-a-b) und umarmenden Reimen (a-b-b-a) zusammensetzen. Sind – wie etwa in einem barocken Sonett – mehrere unterschiedliche Reimfiguren vorhanden, so notieren Sie sich dieses Reimschema (z. B. a-b-b-a, a-b-b-a, c-c-d, e-e-d). Zu beachten ist dabei, dass jeder Reim einen bestimmten Buchstaben erhält unabhängig davon, in welcher Strophe und wie oft er auftritt. Es wäre fehlerhaft, für jede Strophe neue Buchstaben zu vergeben, das Reimschema also für jede Strophe getrennt statt für das gesamte Gedicht zu betrachten. In der Praxis sieht das so aus:

	fünf- und zweihebiger Jambus	*männliche Kadenzen*	
8	_ / _ / _ / _ /		
	Was ist des Deutschen Vaterland?		a
8	_ / _ / _ / _ /	*reiner Paarreim*	
	Ist's Preußenland, ist's Schwabenland?		a
8	_ / _ / _ / _ /		
	Ist's, wo am Rhein die Rebe blüht?		b
8	_ / _ / _ / _ /	*reiner Paarreim*	
	Ist's, wo am Belt die Möve zieht?		b
4	_ / _ /		
	O nein! nein! nein!		c
8	_ / _ / _ / _ /	*reiner Paarreim*	
	Sein Vaterland muß größer sein.		c
	[…]		
8	_ / _ / _ / _ /		
	Das ganze Deutschland soll es sein!		c
8	_ / _ / _ / _ /	*reiner Paarreim*	
	O Gott vom Himmel sieh' darein,		c
8	_ / _ / _ / _ /		
	Und gieb uns rechten deutschen Muth,		d
8	_ / _ / _ / _ /	*reiner Paarreim*	
	Daß wir es lieben, treu und gut.		d
4	_ / _ /		
	Das soll es sein!		c
8	_ / _ / _ / _ /	*reiner Paarreim*	
	Das ganze Deutschland soll es sein!		c

Abb. 3: Ernst Moritz Arndt: Des Deutschen Vaterland
In: Heinrich Meisner (Hg.), Gedichte von Ernst Moritz Arndt. Vollständige Sammlung, Band 2, Verlag Karl Fr. Pfau, Leipzig 1894, S. 18-21.

Am Beispiel der ersten und letzten Strophe des Verstextes „Des Deutschen Vaterland“ von Ernst Moritz Arndt aus dem Jahr 1813, der vor allem den Historikerinnen und Historikern unter Ihnen bekannt sein wird, sind die wichtigsten Merkmale der Analyse der äußeren Form zusammengefasst. Es bleibt noch zu ergänzen, dass Sie bei der Formanalyse des Gedichts nicht nur das Vorhandene, sondern auch das Nichtvorhandene positiv feststellen müssen. Denn die Tatsache, dass die Verslänge variiert, ein regelmäßiges Metrum oder ein Reimmuster fehlt, ist in aller Regel mit dem Inhalt des Gedichts und den Motiven der Epoche verknüpft und mithin für die Interpretation und literaturgeschichtliche Einordnung des Gedichts von Bedeutung.

4.2 Die Analyse des Inhalts und der Struktur

Die Inhaltsanalyse knüpft unmittelbar an Ihre Formanalyse an. Bei einem Prosatext bedeutet dies, dass Sie sich nun mit dem Inhalt eines jeden Sinnabschnitts beschäftigen, und bei einem Gedicht, dass Sie nun den Inhalt jeder Strophe untersuchen. Die formale Untergliederung des Textes in mehrere kleine Sinneinheiten vereinfacht die Inhaltsanalyse dergestalt, dass Sie sich dort an den einzelnen gedanklichen Schritten des Textes orientieren können. Der Umfang Ihrer Analyse sollte dabei hinter dem Umfang des ursprünglichen Textes deutlich zurückbleiben. Als Faustregel wird hier häufig eine Reduzierung des Textes auf ein Drittel seiner Länge genannt, was jedenfalls bei einem Prosatext regelmäßig dadurch erreicht werden kann, dass Sie jedem (Sinn-)Abschnitt einen Satz Ihrer Analyse widmen. Freilich sollten Sie diese starre Regel nicht überbewerten. Denn nur durch eine Entscheidung im Einzelfall wird Ihre Inhaltsanalyse schließlich **so knapp wie möglich, aber auch so ausführlich wie nötig**.

Inhaltlich ist Ihre Untersuchung der Frage geschuldet: **„Was lese ich?“** Obgleich auch diese Fragestellung im Verhältnis zu den Erwartungen an eine inhaltliche Analyse stark vereinfacht ist, macht sie doch deutlich, dass Sie sich hier allein mit dem Gesagten, nicht aber schon mit dem Gemeinten beschäftigen.

> Vergleicht Andreas Gryphius in seinem Sonett „Abend“ das Leben mit einer „renne bahn“, so ist die Aussage dieses Vergleichs unmittelbar

> ersichtlich, ohne dass hier schon dessen Bedeutung für die Interpretation des gesamten Sonetts relevant würde.

Besonders wichtig ist dies im Falle einer **ironischen Gestaltung**, bei der die Autorin oder der Autor das Gegenteil des Gemeinten sagt. Die Deutung der Textstelle erfolgt hier in drei Schritten: Erstens muss festgestellt werden, was gesagt wird. Zweitens muss erkannt werden, dass der Sender seine Botschaft ironisch verschlüsselt. Drittens erst kann der Empfänger den „wahren Aussagegehalt" des Textes verstehen, indem er das Gegenteil des Gesagten als das Gemeinte entdeckt. Der erste Schritt erfolgt dabei im Rahmen der Inhaltsanalyse, der zweite betrifft die Sprachanalyse und der dritte Schritt wird schließlich bei der Interpretation vollzogen. Häufig werden Sie diese Schritte gedanklich bereits beim Lesen des Textes gehen. Dennoch müssen Sie Ihren Gedankengang im Rahmen der Bearbeitung nachvollziehbar darlegen und dies gelingt nur, wenn Sie Ihrer Inhaltsanalyse nicht schon das Gemeinte zugrunde legen. Und wenn Sie sauber zwischen den einzelnen Schritten unterscheiden, erkennen Sie schließlich, dass auch die Erschließung einer ironischen Textstelle einem einfachen Muster folgt.

Mit der Darstellung des Inhalts ist die des **Aufbaus** unmittelbar verbunden. Besonders wichtig ist dies im Falle einer argumentativen Struktur des Textes, denn hier müssen Sie erkennen, welche **Funktion** der jeweilige Sinnabschnitt im Kontext erfüllt.

Freilich kann hierfür eine gewisse Vordeutung des Inhalts notwendig sein, was vor allem dann der Fall ist, wenn der Sender nicht sachlich-neutral argumentiert, sondern die Leserinnen und Leser durch eine Infragestellung der gegensätzlichen Position geschickt auf seine Seite ziehen will (wofür wiederum das stilistische Mittel der Ironie von Bedeutung ist). Denn hier kann die Frage, ob die Autorin oder der Autor an einer späteren Stelle des Textes ihre oder seine anfängliche These stützen oder plötzlich doch die Gegenmeinung vertreten möchte, nur beantwortet werden, wenn der Inhalt dieser späteren Stelle vor dem Hintergrund der sprachlich-stilistischen Ausgestaltung verstanden wird. Regelmäßig wird sich die Struktur des Textes jedoch bereits einer sorgfältigen Untersuchung des Inhalts entnehmen lassen. Achten Sie dabei insbesondere auf die kleinen **Schlagwörter** wie „beispielsweise, einerseits, andererseits, aber, denn, weil, trotzdem, dahingegen, auch". Beginnt der dritte Absatz des Textes etwa mit dem Wort „deshalb", „daher" oder „folglich", so wird sich die Autorin oder der Autor in diesem Absatz höchstwahrscheinlich mit den Konsequenzen in Bezug auf das bisher Gesagte auseinandersetzen.

Die Berücksichtigung auch der Textstruktur ermöglicht es Ihnen, gewissermaßen über dem Text zu stehen und ihn mit ausreichender Distanz nüchtern-rational zu betrachten – und zwar in zweierlei Hinsicht: Erstens müssen Sie zwar den tatsächlichen (chronologischen) Aufbau des Textes, also dessen „innere Form" erkennen, was Sie aber nicht daran hindert, die gewählten Sinnabschnitte unter Berücksichtigung ihrer Funktion im Rahmen der Analyse neu zu ordnen. Untersuchen Sie daher etwa, ob der erste Abschnitt funktionell an den Schluss gehört, weil er ein vorangestelltes Fazit enthält. Zweitens sollten Sie das Kind beim Namen nennen, sich also bewusst machen, dass die Autorin oder der Autor im ersten Abschnitt eine These aufstellt, diese im zweiten Abschnitt mittels eines wissenschaftlichen Beweises begründet und im dritten Abschnitt Beispiele aufzeigt. Denn gerade diese Begriffe machen die Textstruktur besonders deutlich. Ein schöner Nebeneffekt: Wenn Sie die Inhaltsanalyse im Rahmen einer Arbeit schriftlich anfertigen, erlaubt die Verwendung solcher Formulierungen eine sprachlich geschickte Verbindung von Inhalt und Funktion, da Sie nur noch klarstellen müssen, um welche These es sich handelt, welchen Beweis die Autorin oder der Autor erbringt und worauf sich die Beispiele beziehen.

Schließlich sollten Sie die Herausforderungen einer Inhaltsanalyse nicht unterschätzen. Denn es besteht die Gefahr, dass statt der für die Interpretation erforderlichen Inhaltsanalyse eine eher unbrauchbare **Nacherzählung** des Inhalts entsteht. Von dieser grenzen Sie Ihre Inhaltsanalyse ab, indem Sie erstens die Textlänge reduzieren (dazu schon oben), zweitens auch die Textstruktur berücksichtigen (auch dazu schon oben) und sich drittens einem besonderen analytischen Stil verpflichten: Die Inhaltsanalyse erfolgt im Präsens und ist sachlich-neutral, d. h. persönliche Beurteilungen („gut"), der Ausdruck von Empfindungen („leider") und die Erzeugung von Spannung („plötzlich") sind ausgeschlossen. Dies gilt auch dann, wenn Sie die Inhaltsanalyse nicht im Rahmen einer Arbeit schriftlich anfertigen, sondern einen Text bloß lesen und verstehen wollen. Denn auch in diesem Fall hilft Ihnen die (gedankliche) Erstellung einer Kopie des Originals ebenso wenig weiter wie ein mit persönlichen Wertungen verfälschtes Verständnis des Textgeschehens. Eine für die Deutung interessante Aussage über den Inhalt können Sie nur machen, wenn Sie den Inhalt in seiner unverfälschten Form kennen. Und den Zusammenhang zwischen Inhalt und Sprache können Sie erst beurteilen, wenn Sie den Inhalt zuvor von der sprachlichen Gestaltung des Textes getrennt haben. Um einen Text zu erschließen, müssen Sie daher im Rahmen der Inhaltsanalyse die notwendige **Abstraktionsebene** erreichen. Und dies gelingt Ihnen nicht, wenn Sie nacherzählen, statt zu analysieren.

Übungsaufgabe
Als Vorarbeit zur Inhalts- und Strukturanalyse empfiehlt es sich, eine Tabelle zu erstellen, in der für jeden Sinnabschnitt zwischen Inhalt und Funktion unterschieden wird. Lesen Sie die folgende politische Rede des ehemaligen Bundespräsidenten Horst Köhler, die dieser im Rahmen der Podiumsdiskussion „Für Demokratie und Freiheit“ am 11. März 2008 in Berlin hielt.[4] Erstellen Sie anschließend eine solche Tabelle.
Hinweis: Achten Sie beim Lesen des Textes auf die fettgedruckten Wörter. Sie werden Ihnen die Bestimmung der Funktion des jeweiligen Sinnabschnitts wesentlich erleichtern.

Horst Köhler: Unangepasste Jugendliche in der DDR

Neunzehn Jahre ist es nun schon her, dass die Mauer gefallen ist. Junge Leute wie Sie haben die DDR nicht erlebt. Sie kennen das Unterdrückungssystem der SED-Diktatur und auch den Widerstand vieler mutiger Menschen, die sich damals in Ostdeutschland für Freiheit, Demokratie und Menschenrechte eingesetzt haben, nur aus Büchern, Filmen und Erzählungen.

Vielleicht kennen Sie **aber** auch ganz andere Erzählungen; solche, in denen die DDR als behüteter Ort verklärt wird, wo jeder einen Arbeitsplatz hatte, wo das Leben übersichtlich und nur die Südfrüchte knapp waren.

Ich kann gut nachfühlen, dass viele Menschen – übrigens nicht nur im Osten unseres Landes – sich heute nach Sicherheit und Überschaubarkeit sehnen. Wer **aber** glaubt, die DDR hätte diese Wünsche erfüllt, täuscht sich. **Denn** für die vermeintliche Sicherheit, die das SED-Regime damals bot, wurde den Menschen ein hoher Preis abverlangt. Bis zu 250.000 Frauen, Männer und Jugendliche wurden nach Schätzung von Experten in der SBZ und der DDR im Gefängnis eingesperrt – nur weil sie eine andere Meinung vertraten als die Machthaber. **Und** auch wer nicht inhaftiert war,

---

4 Abrufbar über: http:/www.bundespraesident.de/SharedDocs/Reden/DE/Horst-Koehler/Reden/2008/03/20080311_Rede.html, Stand: 15. April 2019.

wer einfach nur sein Leben mit Meinungs- und Reisefreiheit führen wollte, wer gar versuchte, seinen Kindern Meinungsfreiheit zu vermitteln, erlebte permanent Gängelung und stieß an Grenzen – nicht nur solche aus Beton und Stacheldraht, sondern auch aus Verboten und subtilem Zwang zur Anpassung.

Und was die soziale Sicherheit in der DDR angeht: Die stand auf tönernen Füßen. Die scheinbare „Vollbeschäftigung" war mit enormen Auslandsschulden, mit unproduktiven Arbeitsplätzen, versteckter Arbeitslosigkeit, Raubbau an der Natur und in vielen Fällen mit Misswirtschaft zu Lasten des allgemeinen Lebensstandards erkauft. Als die Mauer in Berlin fiel, war die DDR wirtschaftlich bereits bankrott. Heute wollen manche nicht mehr sehen, wie brüchig die scheinbare Idylle längst war, als sie 1989 von der friedlichen Revolution hinweggefegt wurde.

Daran zu erinnern – und das betone ich – heißt nicht, das persönliche Lebensglück der Menschen in der DDR gering zu schätzen oder ihre Leistungen abzuwerten, Leistungen, die sie meist unter viel schwierigeren Bedingungen erbringen mussten als ihre Landsleute im Westen. **Aber** eines muss eben auch deutlich gesagt werden: Diese Leistungen und dieses Lebensglück gab es nicht wegen, sondern eben doch im Wesentlichen trotz des SED-Regimes. Das sollte nicht unseren Respekt vor der Lebensleistung vieler Menschen schmälern, aber es sollte uns wachsam machen gegen alle Versuche, die DDR schönzureden.

Für Sie mag es kaum vorstellbar sein, dass vor noch nicht 20 Jahren in Ostdeutschland schon ein kritisches Wort schreckliche Folgen haben konnte. Selbst Jugendliche, die sich gar nicht politisch engagierten, konnten in das Räderwerk der Unterdrückung geraten. Es reichte in der DDR schon, seine eigene Musik hören, seinen eigenen Berufswunsch verfolgen oder sich seine Freunde selber aussuchen zu wollen. Die heutigen Zeitzeugen werden Ihnen berichten, was sie als Kinder und Jugendliche erlebt haben. Frau Rusch **zum Beispiel** kann erzählen, wie es ist, als Kind einer Mutter aufzuwachsen, die sich in der Opposition engagiert. Herr Boehlke hat Punkmusik gemacht – was natürlich nicht nur ein Hobby, sondern auch eine politische Aussage war – und wäre deshalb damals fast ins Gefängnis gegangen. Herr Hirsch hat sich schon als Schüler eine eigene, kritische politische Meinung gebildet und wurde – obwohl er anfangs gerade mal 14 war – von da an immer wieder von der Staatsgewalt schikaniert. Herr Beyer schließlich kann berichten, wie es war, als Jugendlicher in den Anfangsjahren der DDR für Freiheit und

Demokratie einzutreten – sein Engagement brachte ihm damals fünf Jahre Haft ein.

Davon werden wir jetzt gleich mehr hören, und dann haben Sie, liebe Jugendliche, auch die Gelegenheit, Fragen zu stellen. Aber vorher möchte ich noch meinem Mitgastgeber, Herrn Eppelmann von der Stiftung Aufarbeitung, das Wort erteilen. Wir haben diese Gesprächsreihe zusammen mit ihm und der Stiftung gestaltet. Herr Eppelmann, dafür bin ich Ihnen dankbar, und bitte, Sie haben das Wort!

Lösungsvorschlag
Es empfiehlt sich hier, die tatsächlichen Abschnitte als Sinnabschnitte zu übernehmen.

Abschnitt	Funktion	Inhalt
1	These 1	DDR als „Unterdrückungssystem"
2	These 2 (Antithese)	DDR als „behüteter Ort"
3	Entscheidung für These 1 und Argument 1	Nichtgewährung von Grundfreiheiten (insbesondere der Meinungs- und Reisefreiheit)
4	Argument 2	ökonomisch prekäre Lage (Schulden, Arbeitslosigkeit, geringer Lebensstandard, Bankrott)
5	Klarstellung bzgl. These 1	Kritik nur an dem politischen System der DDR, nicht aber an den Bürgerinnen und Bürgern der DDR
6	Beispiele zu Argument 1	persönliche Erfahrungen von Zeitzeuginnen und Zeitzeugen
7	Abschluss und Überleitung	Dank und Weitergabe des Wortes

Tab. 1: Lösungsvorschlag zur Inhalts- und Strukturanalyse

Hinweis: Wie bereits erwähnt, muss Ihre spätere Inhaltsanalyse nicht diesem Aufbau folgen. Hier bietet es sich an, den ersten und fünften sowie den dritten und sechsten Abschnitt gemeinsam darzustellen. Gleichwohl muss bei Ihrer Bearbeitung erkennbar bleiben, dass sich der Redner anders entschieden hat.

4.3 Die Analyse der sprachlichen Gestaltung

Im analytischen Teil Ihres Aufsatzes gehen Sie insgesamt chronologisch vor und damit gewissermaßen **von außen nach innen**. Denn Sie beschäftigen sich zunächst mit dem, was Sie sehen (also der äußeren Form), danach mit dem, was Sie lesen (also der inneren Form), und stellen sich beim erneuten Lesen die Frage nach der sprachlichen Gestaltung.

Ich bevorzuge hier eine Unterteilung in allgemeine Merkmale, also solche, die sich auf den gesamten Text beziehen, und besondere Merkmale, d. h. stilistische Mittel, die nur punktuell vorhanden sind. Freilich besteht hier in gewissem Maße eine Wechselwirkung, denn ebenso wie die allgemeine sprachliche Gestaltung bereits Rückschlüsse auf die besonderen Merkmale zulässt, können Letztere wiederum das allgemeine Sprachniveau beeinflussen. Dies ist vor allem dann der Fall, wenn ein bestimmtes stilistisches Mittel so häufig auftritt, dass es nicht mehr nur punktuell, sondern gewissermaßen flächendeckend zu finden ist. Trennen Sie scharf zwischen der Analyse und der Interpretation im eingangs genannten Sinn, so sind Sie daran gebunden, Ihre Analyseergebnisse zunächst frei von jeglicher Deutung stehen zu lassen. Gerade im Zusammenhang mit der sprachlichen Gestaltung des Textes beugt die Unterscheidung der beiden Operatoren der naheliegenden Gefahr vor, dass sich die Interpretation in der Deutung sprachlicher Merkmale erschöpft. Denn es wäre fehlerhaft, die Aussage des Textes allein anhand der vorhandenen Stilmittel herauszuarbeiten, ohne auf dessen äußere und innere Form, also die übrigen Ergebnisse der Analyse einzugehen. Dies bedeutet allerdings nicht, dass Ihnen bei der Sprachanalyse jede weitere Aussage im Anschluss an die reine Tatsachenermittlung verwehrt ist. Ausgeschlossen ist nur die Deutung im Kontext, nicht aber eine Beschreibung der **Wirkung**, die die sprachliche Gestaltung erzeugt. Was mit der Wirkung gemeint ist, werde ich bei der Darstellung der betroffenen sprachlichen Merkmale zeigen.

4.3.1 Allgemeine sprachliche Merkmale

Zu den allgemeinen sprachlichen Merkmalen zählen insbesondere: die Lexik, die Syntax, das Sprachniveau, die Erzählzeit, die Erzählperspektive und die Erzählposition. Auch die rhythmische Gestaltung des Textes ist ein allgemeines sprachliches Merkmal, das man von den übrigen Merkmalen jedoch trennen und am besten – als Fazit – am Ende der Sprachanalyse ansprechen sollte. Der Grund hierfür liegt darin, dass sich der Rhythmus überwiegend aus der Zusammenschau formaler und (allgemeiner und besonderer) sprachlicher Mittel ergibt, die eigenständig und an unterschiedlichen Stellen der Analyse dargestellt werden.

Rhythmus

Unter dem Rhythmus versteht man die Summe aus den Akzenten (Betonungen), dem Tempo und den Pausen sowie der Klangfarbe (Sprachmelodie) des Textes. Dabei werden die **Akzente** beim Gedicht nicht unwesentlich durch das vorhandene Metrum gesetzt, das bei der Formanalyse untersucht wird. Die **Sprachmelodie** wird beeinflusst durch besonders klanghafte sprachliche Mittel, sodass für eine selbstständige Prüfung der rhythmischen Gestaltung nur noch die Unterscheidung zwischen hellen und dunkeln Vokalen bzw. harten oder weichen Konsonanten bleibt. Das **Tempo** und die Pausen schließlich sind abhängig von der syntaktischen Gestaltung des Textes, wobei zunächst das Stilmittel des Enjambements von besonderer Bedeutung ist:

Enjambement heißt die künstliche Unterbrechung eines gedanklichen Zusammenhangs, also das Auseinanderfallen von Inhalt und Form, weil das Ende des Verses oder der Strophe nicht mit dem Ende des Gedankengangs übereinstimmt. Während beim sog. **Zeilenstil** jedes formale Versende auch einen inhaltlichen Abschluss begründet, sodass im Sprachfluss eine natürliche Pause entsteht, erzeugen Enjambements beim sog. **Hakenstil** einen rhythmisch auffälligen Sprung.

Daneben wirken sich natürlich auch andere syntaktische Besonderheiten auf den Rhythmus aus. So können etwa kurze, einfache Hauptsätze das

Tempo erhöhen und eine gewisse Spannung erzeugen. Lange, verschachtelte Sätze zwingen die Leserinnen und Leser dahingegen, die Lesegeschwindigkeit zu verringern, damit sie den Inhalt des Satzes richtig erfassen. Sie sehen also: Eine Aussage über die rhythmische Gestaltung des Textes ist am sinnvollsten erst, wenn der Text auf seine allgemeinen und besonderen sprachlichen Mittel untersucht wurde.

Lexik

Die lexikalische Untersuchung des Textes beschäftigt sich mit bestimmten Wortarten und Wortfeldern. Hinsichtlich der **Wortarten** geht es um die (einfache) Unterscheidung von Adjektiven, Verben und Nomen, die dann bedeutsam ist, wenn eine dieser Wortarten besonders häufig auszumachen ist. Denn die Häufigkeit, mit der diese Wortarten auftreten, steht in engem Zusammenhang mit der Wirkung des Textes. So machen **Adjektive** als Eigenschaftswörter einen Text anschaulich, geben eine detaillierte Beschreibung der Situation ab und ermöglichen es den Leserinnen und Lesern, sich das vermittelte Bild präzise vorzustellen.

> Es macht einen Unterschied, ob jemand bloß von einer Wiese oder aber von einem saftigen, leuchtenden Grün spricht, das im dämmernden Abendlicht in einem goldenen Glanz erscheint.

Verben als Tunwörter lassen das Beschriebene lebendig werden.

> Die Protagonistin muss nicht bloß durch die Straße gehen, sondern kann hin- und herschlendern, von Zeit zu Zeit stehen bleiben, um die Ausstellung in den Schaufenstern zu betrachten, und dabei unaufhörlich mit dem Schlüsselbund in ihrer linken Hosentasche klimpern.

Nomen schließlich bewirken in gewisser Weise das Gegenteil, wenn sie das Geschehene – ggf. als Substantivierungen – verdinglichen und damit eine bestimmte **Distanz** zu ihm aufbauen.

> Wenn sich der Protagonist nicht ängstlich fühlt, ihm nicht der Angstschweiß auf der Stirn steht, sondern wenn bloß von einem Gefühl der Angst gesprochen wird, so ist damit eine neutrale, unpersönliche Ebene

> erreicht, die sich auf unterschiedliche Situationen übertragen lässt und die das Allgemeine von der konkreten Situation abstrahiert.

Ein konsequenter Nominalstil wirkt daher unweigerlich nüchtern und wird aus diesem Grunde häufig in wissenschaftlichen Texten gebraucht, die sich einem persönlichen Nachempfinden, empathischen Regungen und Beurteilungen entziehen.

Gerade in diesem Kontext sollen Nomen häufig auch von einer gewissen **Fachkunde** der Autorin oder des Autors zeugen. Wo jeder andere einen bestimmten Umstand nur umschreiben kann, findet die Wissenschaftlerin oder der Wissenschaftler einen präzise auf die Situation zutreffenden Begriff (selbst wenn es sich dabei ggf. bloß um eine Substantivierung handelt).

> So wird aus dem Umstand, dass eine Person in einer bestimmten Lage etwas hätte sehen oder erkennen können, dies aber aus Gründen, die auf eine Sorglosigkeit dieser Person hindeuten, nicht gesehen oder erkannt hat, im juristischen Sprachgebrauch das sog. „Kennenmüssen" dieses tatsächlich nicht gekannten Umstandes.

Im wissenschaftlichen Bereich dient der Nominalstil darüber hinaus (also neben der Vermeidung langer Paraphrasierungen) auch der **Präzisierung**, weil bestimmte Umstände nicht oder jedenfalls nicht genau umschrieben werden können. Eine denkbare Lösung bieten dann **neologistische Wendungen**, die häufig als Nomen auftreten.

> So meinen Juristinnen und Juristen mit der Begründung einer Klage etwas anderes als mit deren „Begründetheit", kennen also zu dem Verb „begründen" ein weiteres Nomen, das den sprachgewandten Nichtjuristen überrascht. Die Umschreibung, dass die Klage begründet sei, wäre hier unzulänglich, weil damit sowohl der Umstand gemeint sein könnte, dass der Kläger sein Begehren begründet hat, als auch die Tatsache, dass die Klage rechtlich begründet ist.

Nomen dienen mithin der wissenschaftlichen Verständigung.

Syntax

Im Rahmen der syntaktischen Untersuchung befassen Sie sich insbesondere mit der Satzlänge. Dabei unterscheiden Sie zwischen **Hypotaxen** und **Parataxen**.

Eine Hypotaxe ist ein Satzgefüge, bei dem ein oder mehrere Nebensätze einem Hauptsatz untergeordnet werden, während ein parataktischer Satzbau durch die Aneinanderreihung mehrerer Hauptsätze gekennzeichnet ist.

Hypotaxen sind auf Grund ihrer Länge oft schwierig zu verstehen, zeugen aber auf Grund der Fülle der mitgeteilten Informationen von einem profunden Wissen der Autorin oder des Autors. Wo Parataxen häufig nur Behauptungen aufstellen (z. B. A ist besorgt.), dort kann eine hypotaktische Struktur Umstände und (temporale, kausale usw.) Zusammenhänge erklären und mitunter die Leserinnen und Leser dazu anregen, sich mit den aufgestellten Behauptungen kritisch auseinanderzusetzen (z. B. A ist besorgt, weil sich B seit Stunden nicht mehr bei ihr gemeldet hat.). Wegen ihres informativen Charakters finden sich Hypotaxen häufig in wissenschaftlichen Texten, wenngleich derzeit ein leichter Trend hin zu einem verständlicheren, klareren Stil zu beobachten ist.

Merken Sie sich bitte, dass im Rahmen Ihrer Analyse die Satzlänge nur dann von Bedeutung ist, wenn diesbezüglich eine gewisse Auffälligkeit besteht, die hypotaktische oder parataktische Struktur also ein allgemeines sprachliches Merkmal im oben genannten Sinn ist, d. h. nicht nur vereinzelt auftritt. Anders liegt es freilich, wenn ein einzelner Schachtelsatz die sonst parataktische Satzstruktur unterbricht.

Sprachniveau

Unmittelbar mit der Lexik und der Syntax des Textes zusammen hängt die Frage nach dem sprachlichen Niveau. Hier empfehlen sich zwei Differenzierungen: Zunächst untersuchen Sie das **Verhältnis zwischen gesprochener und geschriebener Sprache**, fragen also danach, ob sich die Autorin oder der Autor um eine gehobene und klar strukturierte Schriftsprache bemüht oder ob sie oder er – scheinbar – gedankenlos aufschreibt, was ihr oder ihm gerade in den Sinn kommt, ohne sich um die Ausdrucksweise bewusst zu sorgen.

Zwar hat die Digitalisierung der Schrift nicht nur ein massenhaftes Produzieren, sondern auch ein Revidieren schriftlicher Erzeugnisse per bloßem Mausklick ermöglicht. Dennoch ist das gesprochene Wort eher flüchtig und der gnadenlosen Gefahr des Vergessens ausgesetzt, während das geschriebene Wort für die Ewigkeit bestimmt zu sein scheint und also einen höheren Stellenwert haben soll. Es ist daher nicht verwunderlich, dass sich auch jemand, der sich sonst um seinen sprachlichen Ausdruck nicht weiter kümmert, im schriftlichen Sprachgebrauch über syntaktische Besonderheiten, die Wortwahl und die sprachlich bedingte Wirkung seines Textes Gedanken macht. Dabei muss die Entscheidung für eine bloße Verschriftlichung der gesprochenen Sprache keineswegs unbewusst erfolgen und noch weniger auf eine Unbekümmertheit der Autorin oder des Autors hinweisen. Denn die Wirkung der plaudernden Umgangssprache darf nicht unterschätzt werden. Verschriftlicht jemand die gesprochene Sprache dadurch, dass er sich der wörtlichen Rede bedient, versetzt er die Leserinnen und Leser in das Geschehen hinein, macht sie selbst zum Kommunikationspartner und lässt sie so unmittelbar an der (fingierten) Wirklichkeit des Erzählten teilhaben. Die indirekte Rede ermöglicht es dahingegen, die Aussage eines anderen wertneutral darzustellen, ohne sich ihren Inhalt zugleich zu eigen machen zu müssen.

Während das bisher Gesagte eher die syntaktische Komponente des Sprachniveaus betrifft, betreffen die folgenden Überlegungen die lexikalische Seite: Denn die sprachliche Ebene eines Textes wird nicht zuletzt auch dadurch geprägt, dass sich die Autorin oder der Autor mit der Ausdrucksweise als Mitglied einer bestimmten (sozialen) Gruppe erweist oder deren Sprachweise zumindest adaptiert. Gemeint ist die Verwendung eines spezifischen **Fachjargons**, der keineswegs auf den wissenschaftlichen Bereich beschränkt ist, sondern etwa auch unter Jugendlichen als sog. Jugendsprache auftreten kann. Kennzeichnend ist allein, dass sich eine Gruppe von der allgemeinen Konvention (teilweise) löst, so dass allen Nichtmitgliedern der Gruppe die Entschlüsselung der verwendeten sprachlichen Zeichen zumindest erschwert wird.

Dies kann erstens daran liegen, dass an sich bekannte Wörter mit einer anderen, engeren oder weiteren Bedeutung versehen werden (z. B. „steil gehen“ in der Jugendsprache oder „unverzüglich“ in der Juristensprache).

Oder aber das Verständnis wird zweitens aufgrund einer Erweiterung der allgemeinen Konvention, also durch die Verwendung neologistischer Fachtermini (z. B. „Vertretenmüssen" im Juristendeutsch) oder drittens durch die teilweise Übernahme fremder Konventionen (insbesondere im Falle von Anglizismen) oder schließlich viertens durch grammatikalische Fehlkonstruktionen (z. B. „ich geh Kino" im Jugenddeutsch) beeinträchtigt.

Unabhängig davon, wie sich ein bestimmter Fachjargon begründen lässt, zeigt doch die Autorin oder der Autor mit dessen Verwendung, dass sie oder er sich entweder an die Mitglieder der entsprechenden Gruppe richtet oder zumindest Kenntnisse über deren Ausdrucksweise besitzt. Die Autorin oder der Autor will also entweder „in einem Boot" mit den Leserinnen und Lesern sitzen und sich als eine oder einer von ihnen erweisen oder aber zeigen, dass sie oder er sich mit den Personen beschäftigt hat, über die berichtet wird. Dabei hängt das Sprachniveau des Textes nicht primär von dem jeweiligen Fachjargon ab, sondern vielmehr davon, auf welche Art und Weise die Autorin oder der Autor diesen in den Text integriert. So kann die bewusste Verknüpfung feinster sprachlicher Wendungen mit neudeutschen Jugendwörtern, Anglizismen und sogar grammatikalischen Fehlern insgesamt von einer hohen Eloquenz zeugen, wie dies etwa Bastian Sick in seiner Glosse „Stop making sense!" demonstriert.

Erzählparameter

Zuletzt befassen Sie sich mit den Erzählparametern, also der Erzählzeit, der Erzählperspektive und der Erzählposition. Zur **Erzählzeit** gehört nicht bloß das in dem Text verwendete Tempus (Vergangenheit, Gegenwart, Zukunft), sondern auch das Verhältnis zwischen erzählter und erzählender Zeit, d. h. die Frage nach vorhandenen Zeitraffungen und Zeitdehnungen, wenn und soweit Sie sich damit nicht bereits im Rahmen der Strukturanalyse beschäftigt haben.

> ex\
>
> Es erscheint zwar durchaus möglich, die Funktion des ersten Abschnittes eines Textes darin zu sehen, dass die Autorin oder der Autor einen kurzen Überblick über die vorangegangenen zehn Jahre gibt, bevor die Erzählhandlung im engeren Sinn beginnt. Gleichwohl sollten Sie auch in diesem Falle erkennen, dass es sich hierbei um eine Zeitraffung handelt, die möglicherweise im weiteren Verlauf des Textes zugunsten

einer Zeitdehnung, also der breiten Schilderung eines tatsächlich kurzzeitigen Geschehens aufgegeben wird.

Die **Erzählperspektive** bezieht sich auf die Figur des Erzählers (Ich-Erzähler oder Er-Erzähler) und dessen Perspektive, also auf den Standort, von dem aus das Erzählte betrachtet wird. Davon zu unterscheiden ist die **Erzählposition**, die nicht die Identität des Erzählers, sondern dessen Erkenntnisbereich betrifft. Anschaulich können Sie sich hier folgendes Beispiel merken:

Der **neutrale Erzähler** sieht von außen in ein Zimmer hinein. Er sieht, was die dort befindlichen Personen tun, erkennt ihre Körperhaltung, ihre Mimik und Gestik und hört, was sie sagen. Der **personale Erzähler** ist dagegen eine Person im Zimmer. Während er ebenso wie der neutrale Erzähler seine äußere Umwelt wahrnimmt, ist er auch mit der inneren Gedanken- und Gefühlswelt einer bestimmten Person vertraut. Der **auktoriale Erzähler** schließlich ist der „Übermensch", denn er hat alle nur denkbaren Informationen, insbesondere kennt er die äußeren und inneren Umstände aller Handelnden und Denkenden – und zwar nicht nur derer im Zimmer, sondern aller Menschen, unabhängig davon, wo sie sich gerade befinden. Der auktoriale Erzähler ist schlicht allwissend.

4.3.2 Besondere sprachliche Merkmale

Die Anzahl an besonderen Stilmitteln, die in einem Text vorhanden sein können, ist überaus groß. Es genügt insoweit, wenn Sie mit den in der Tabelle ab S. 62 aufgelisteten (wichtigen) Stilmitteln vertraut sind. Wenn Sie im Rahmen einer Arbeit eine schriftliche Sprachanalyse anfertigen, stehen Sie vor der Aufgabe, die vielen gefundenen Stilmittel sprachlich elegant in Ihre Bearbeitung einzubauen, also insbesondere unschöne Aufzählungen und Wiederholungen zu vermeiden. Haben Sie sich zuvor bereits im Rahmen der Inhaltsanalyse mit den einzelnen Sinnabschnitten beschäftigt, empfiehlt es sich nun, den Text in seiner Gänze zu betrachten, die Stilmittel also nicht erneut nach Abschnitten zu ordnen. Dies erreichen Sie entweder dadurch, dass Sie zu jedem Stilmittel auch alle weiteren Textstellen nennen, an denen dieses Stilmittel vorkommt, also etwa alle vorhandenen Metaphern gemeinsam darstellen. Oder aber Sie teilen die vorhandenen Stilmittel in bestimmte **Gruppen** ein, sodass Sie bei Ihrer Ausformulierung nur noch Beispiele dafür zeigen müssen, dass Stilmittel aus der jeweiligen Gruppe vorhanden sind. Und diese Zuordnung zu Gruppen erscheint generell (also auch wenn Sie keine Sprachanalyse schreiben) sinnvoll, weil sie Ihnen das Lernen, das Erkennen und das Deuten der Stilmittel erleichtert. Denn Sie merken sich dann nur noch Beispiele für eine bestimmte Gruppe, suchen diese im Text und wissen, dass die Vertreter dieser oder jener Gruppe so oder so ähnlich wirken und sich so oder so ähnlich deuten lassen. Bestimmen wir also diese Gruppen:

Naheliegend ist die Einteilung in solche Stilmittel, die **Bilder** vermitteln (z. B. Metapher, Vergleich, Personifikation, Symbol, Allegorie), in solche, die einen besonderen **Klang** oder Laut erzeugen, also vor allem die akustische Komponente betreffen (z. B. Alliteration, Repetitio, Lautmalerei), und schließlich in solche, die mit der äußeren **Form** des Textes zusammenhängen (z. B. Enjambement, Anapher, Epipher). Freilich lassen sich nicht alle Stilmittel zu diesen drei Gruppen zuordnen und selbst bei den Stilmitteln, die sich zuordnen lassen, ist die Zuordnung keineswegs eindeutig oder zwingend.

> So könnte man eine Anapher auch als klanghaft bezeichnen, denn immerhin wird ein Wort und somit ein bestimmter Klang im unmittelbaren Kontext wiederholt. Dass ich dieses Stilmittel dennoch als formbezogen ansehe, liegt allein daran, dass es bei der Anapher – anders als bei der bloßen Wortwiederholung – gerade darauf ankommt, an welcher Stelle des Textes (nämlich zu Beginn des folgenden Verses) das betroffene Wort wiederholt wird.

ex\

Letztlich kommt es aber allein darauf an, dass Sie eine nicht ganz fernliegende Zuordnung vornehmen, die Ihnen – ganz nebenbei – auch zu einem eloquenten Ausdruck verhelfen kann. So können Sie etwa formulieren:

> Die Autorin bedient sich häufig bildhafter Stilmittel. Dazu gehören die Personifikation („…", Zeilenangabe) und auch der Vergleich („…", Zeilenangabe). Klangvoll sind demgegenüber die Lautmalereien in den Versen 14 und 20 („…"). Die äußere Form des Textes betrifft …

ex\

rhetorische Figur	Definition	Beispiel
Akkumulation (*w.*)	Aneinanderreihung mehrerer Unterbegriffe zu einem Oberbegriff	Zepter, Thron und Krone
Allegorie (*w.*)	Verbildlichung einer Idee	Taube als Allegorie des Friedens
Alliteration (*w.*)	aufeinanderfolgende Wörter beginnen mit dem gleichen Laut	großer Genuss, kleine Kammer
Anapher (*w.*)	Wiederholung des Anfangswortes zweier aufeinanderfolgender Sätze oder Verse	Niemand wird den Himmel sehen, niemand, wie die Sonne lacht.
Antithese (*w.*)	Gegenüberstellung von Gegensätzen	hoch und tief, Gut und Böse
Apostrophe (*w.*)	direkte Anrede eines Abwesenden	Du allmächtiger Gott!
Chiasmus (*m.*)	syntaktische Überkreuzstellung	Die Kunst ist lang, kurz ist das Leben.
Contradictio in adiecto (*w.*)	Sonderform des Oxymorons, bei der ein Widerspruch zwischen Adjektiv und Substantiv besteht	schwarze Milch, trockener Regen
Captatio benevolentiae (*w.*)	schmeichelhafter Einstieg	lieber Leser, verehrtes Publikum
Correctio (*w.*)	Korrektur der früheren Aussage	Sie war schön, außerordentlich schön.
Ellipse (*w.*)	unvollständiger Satz	Je später der Abend, desto willkommener die Gäste.
Enallage (*w.*)	Verschiebung der Wortbeziehungen: semantisch fehlerhafte Zuordnung des Adjektivs zum Substantiv	das weiße Strahlen ihrer Zähne
Enumeration (*w.*)	besondere Akkumulation, die alle Einzelteile eines übergeordneten Ganzen erschöpfend aufzählt	Ein Stuhl besteht aus vier Beinen, einer Rückenlehne und einem Sitz.

rhetorische Figur	Definition	Beispiel
Euphemismus (*m.*)	Beschönigung	Mitarbeiter werden nicht entlassen, sondern „freigesetzt“.
Hyperbel (*w.*)	Übertreibung	Er läuft mit Lichtgeschwindigkeit.
Hendiadyoin (*n.*)	Sonderform der Tautologie, bei der zwei gleichbedeutende Begriffe durch eine Konjunktion verbunden werden	Art und Weise, Hab und Gut, nie und nimmer, Reih und Glied
Homoioteleuton (*n.*)	aufeinanderfolgende Wörter haben die gleiche Endung	Freiheit und Gleichheit
Inversion (*w.*)	Wortumstellung	Vater unser im Himmel
Ironie (*w.*)	das Gegenteil des Gesagten ist gemeint	Toll gemacht! Schöne Bescherung!
Klimax (*w.*)	dreigliedrige Steigerung	Ich kam, sah und siegte.
Litotes (*w.*)	Verneinung des Gegenteils	nicht schlecht
Metapher (*w.*)	Bildübertragung durch Vergleich ohne den Vergleichspartikel „wie“	Stuhlbein, Fuß des Berges
Metonymie (*w.*)	Ersetzung eines Wortes durch eines, das mit ihm in einem engen Sinnzusammenhang steht	Berlin vertritt eine andere Ansicht, Goethe lesen, das Weiße Haus macht Schlagzeilen
Neologismus (*m.*)	Wortneuschöpfung	Berufsjugendlicher
Onomatopoesie (*w.*)	Lautmalerei	klirren, krächzen, summen
Oxymoron (*n.*)	Verbindung zweier Begriffe, die sich gegenseitig ausschließen	bittersüß, Eile mit Weile!, Friedenspanzer, Es leben die Toten!
Paradoxon (*n.*)	Scheinwiderspruch	Alles Leben ist der Tod.
Parallelismus (*m.*)	syntaktische Wiederholung	Die Kunst ist lang, das Leben ist kurz.
Parenthese (*w.*)	Einschub	Ich bitte dich – es wäre mir ein Bedürfnis –, Hilfe anzunehmen.

rhetorische Figur	Definition	Beispiel
Pars pro toto (*n.*)	ein Teil steht für das Ganze	pro Kopf, die Dächer brennen
Paronomasie (*w.*)	Verbindung klangähnlicher Wörter	Lieber Arm ab als arm dran.
Periphrase (*w.*)	Umschreibung	Wir sind dorthin gegangen, wo wir sonntags immer hingehen.
Personifikation (*w.*)	Vermenschlichung	Die Sonne lacht.
Pleonasmus (*m.*)	Sonderform der Tautologie, bei der Adjektiv und Substantiv gleichbedeutend sind	weiße Milch, nasser Regen
rhetorische Frage (*w.*)	Scheinfrage	Bist du ein Mann oder nicht?
Repetitio (*w.*)	Wortwiederholung	Ich habe dich mehrmals danach gefragt und mehrmals darum gebeten.
Symbol (*n.*)	Sinnbild	Ring als Symbol der ewigen Treue
Synästhesie (*w.*)	Verknüpfung mehrerer Sinne	fühlendes Auge, heiße Musik
Tautologie (*w.*)	Verbindung zweier gleichbedeutender Begriffe	bereits schon, tote Leiche
Vergleich (*m.*)	Verbindung zweier semantischer Bereiche durch einen Vergleichpartikel	Er ist stark wie ein Löwe.
Zeugma (*n.*)	ungewöhnlicher Bezug eines Satzteils auf mehrere andere	Er kam mit Tanja und Kopfweh.

Tab. 2: Rhetorische Figuren

Übungsaufgabe

In Gedichten erwartet man rhetorische Figuren. Da findet man sie auch im Deutschunterricht am häufigsten. Sie können aber prinzipiell in jeder Textsorte auftauchen, insbesondere auch in politischen Reden.

Untersuchen Sie die folgende Rede der ehemaligen Bundeskanzlerin Angela Merkel, die sie anlässlich des 9. Integrationsgipfels am 14. November 2016 im Bundeskanzleramt in Berlin hielt.[5]

Sehr geehrte Frau Staatsministerin, liebe Frau Özoğuz, liebe Kolleginnen und Kollegen aus dem Kabinett und aus dem Deutschen Bundestag, meine Damen und Herren Vertreter vieler Verbände, Vereinigungen und Institutionen, die Integrationsgipfel haben ja inzwischen Tradition. Dies ist schon das neunte Treffen dieser Art. Man kann eigentlich auch ein durch die Entwicklungen im letzten Jahr steil ansteigendes Interesse am Thema Integration bemerken. Dessen Stellenwert in der öffentlichen Diskussion ist höher geworden. Wir haben im vergangenen Jahr 890.000 Asylsuchende in Deutschland ankommen gesehen.

Uns hat sozusagen der Respekt vor der Würde jedes einzelnen Menschen geleitet. Ich glaube, das ist auch eine Frage der Glaubwürdigkeit insgesamt. Wir alle mögen vielleicht viele Sonntagsreden halten, doch uns muss natürlich die Frage umtreiben, wie Menschen in Not auch wieder menschenwürdig leben können. Das heißt auch, dass wir in der Nähe der Heimat dieser Menschen mehr tun werden und schon tun.

Wegzuschauen, wo es Krieg gibt, hilft nicht, sondern wir müssen uns um diese Fragen kümmern. Der kürzlich verabschiedete Haushalt ist ein Beispiel dafür, dass wir diesen Fragen Priorität einräumen und sie in den Mittelpunkt rücken.

Wir alle wissen, dass uns misslungene Integration jahrzehntelang schwer beschäftigen kann. Deshalb konzentrieren wir uns auf das, was positiv möglich ist, wenn Integration gelingt. Frau Staatsministerin Özoğuz und ich haben heute ein Projekt der Jugendfeuerwehr in Wedding besucht, das uns gezeigt hat, was man schaffen kann, wenn Integration gelingt [...].

5 Abrufbar unter: https://www.bundesregierung.de/Content/DE/Rede/2016/11/2016-11-14-rede-merkel-integrationsgipfel.html, Stand: 15. April 2019.

Lösungsvorschlag

Absatz	rhetorische Figur	Textstelle
1	1. Captatio benevolentiae	„sehr geehrte", „liebe"
	2. Enumeration	Aufzählung aller Anwesenden (Staatsministerin, Kolleginnen und Kollgen, Vertreter)
	3. Akkumulation	Aufzählung möglicher Vertretener (Verbände, Vereinigungen und Institutionen)
	4. Alliteration	„Kolleginnen und Kollegen aus dem Kabinett", „Vertreter vieler Verbände, Vereinigungen"
2	5. Anrede des Publikums	„wir"
3	6. Anrede des Publikums	„wir", „uns"
	7. Repetitio	„Würde, Glaubwürdigkeit, menschenwürdig", „Glaube, Glaubwürdigkeit", „Frage", „tun"
	8. Alliteration	„vielleicht viele"
	9. Metapher	„Sonntagsreden"
	10. Antithese	„Sonntagsreden halten, doch"
	11. Akkumulation	Aufzählung möglicher Handlungen („uns muss die Frage umtreiben" und „in der Nähe der Heimat dieser Menschen mehr tun")
4	12. Alliteration	„wegzuschauen, wo"
	13. Antithese	„hilft nicht, sondern"
	14. Anrede des Publikums	„wir, uns"
	15. Repetitio	„Fragen"
	16. Tautologie	„Priorität einräumen und sie in den Mittelpunkt rücken"

5	17. Anrede des Publikums	„wir“, „uns“
	18. Repetitio	„Integration“, „wenn Integration gelingt“
	19. Alliteration	„haben heute“
	20. Parallelismus	„was positiv möglich ist, wenn Integration gelingt“ und „was man schaffen kann, wenn Integration gelingt“

Tab. 3: Lösungsvorschlag zu den besonderen sprachlichen Merkmalen der Rede

Hinweis 1: Die „Anrede des Publikums“ taucht in der Übersichtstabelle zu den Stilmitteln nicht auf. Denn „wir“ und „uns“ sind keine Apostrophen; die Rednerin spricht ja gerade das anwesende Publikum an („wir“ heißt: Sie und ich). Es handelt sich aber auch nicht um ein „lyrisches Ich (bzw. Wir)“, weil kein lyrischer Text vorliegt.
Hinweis 2: Die Tabelle enthält einige Beispiele, bei denen man sich fragen kann, ob die sprachliche Besonderheit bewusst gewählt wurde, um eine bestimmte Wirkung zu erzeugen. Das betrifft etwa das als Alliteration bezeichnete Aufeinandertreffen von „haben“ und „heute“ im fünften Absatz. Dennoch: Auch eine unbewusste Alliteration kann einem Text eine bestimmte (wenn auch nicht beabsichtigte) Wirkung verleihen, die die (vom Sender ohnehin unabhängige) Interpretation des Textes beeinflussen kann. Ist dies aber nicht der Fall, sollte dies jedoch nicht schon bei der Analyse, sondern bei der Interpretation thematisiert werden. Denn erst dort beschäftigen Sie sich mit der Bedeutung der sprachlichen Besonderheit im Kontext.

5 Die Interpretation des Textes

Der interpretatorische Teil der Texterschließung bereitet in der Praxis große Schwierigkeiten. Dies liegt vor allem daran, dass es für ihn zwar einerseits weder ein festes Aufbaumuster noch das eine richtige Ergebnis gibt (was man begrüßen oder bedauern kann), diese Freiheit in der Bearbeitung aber andererseits dadurch eingeschränkt wird, dass die Gedankengänge zumindest strukturell nachvollziehbar geordnet und die gefundenen Ergebnisse vertretbar sein müssen. Beides erreicht man nur dann, wenn man sich darüber im Klaren ist, dass eine Interpretation die verständige Ermittlung eines bestimmten Aussagegehaltes bedeutet. Dieses Ziel ist erreicht, wenn sich die Bearbeiterin oder der Bearbeiter im Falle einer mehrdeutigen Aussage begründend für eine der mehreren möglichen Auslegungen entscheidet (dazu 5.1), und wenn sie oder er eine (auf diese Art) bestimmte Aussage des Textes ggf. noch dadurch inhaltlich abgrenzt, dass die Aussage in Bezug zu anderen (ähnlichen oder konträren) Aussagen gesetzt wird (dazu 5.2).

5.1 Entscheidung für eine Deutungsmöglichkeit

Häufig werden Sie mit Texten konfrontiert, deren Aussagegehalt nicht eindeutig ist, auch wenn dies auf den ersten Blick anders zu sein scheint. Wir haben bereits gesehen, dass dies nicht nur auf die künstlerische Neigung der Autorin oder des Autors, sondern schlichtweg auf die Vagheit und Porosität der alltäglichen Umgangssprache zurückzuführen ist. Um sich in all diesen Fällen auf eine Deutung festzulegen, können Sie auf eine Zusammenschau Ihrer Analyseergebnisse (dazu 5.1.1) und/oder auf die Entstehungsgeschichte des Textes (dazu 5.1.2) zurückgreifen. Beides ist allerdings schon der zweite Arbeitsschritt. Denn bevor Sie zur Lösung des Problems kommen können, müssen Sie das Problem, also die Mehrdeutigkeit der Aussage, erst erkennen – und gerade darin liegt oftmals die Schwierigkeit: Der Teufel steckt auch hier im Detail. Sie müssen jede mögliche Bedeutung des Textes erkennen, also gewissermaßen mehrere unterschiedliche **Deutungshypothesen** aufstellen (dazu auch 5.1.1). Bemühen Sie sich dabei unbedingt um Vollständigkeit. Denn wenn Sie auch nur eine denkbare Deutungsmöglichkeit unbeachtet lassen, mindert dies den Wert

Ihrer gesamten Arbeit erheblich, selbst wenn Sie im Ergebnis in jedem Fall zu derselben Lösung gekommen wären.

5.1.1 Rückgriff auf die Ergebnisse der Analyse

Wie man auf die Ergebnisse der Analyse zurückgreift und Deutungshypothesen aufstellt, will ich Ihnen an zwei Beispielen zeigen, weil Sie beides in der Praxis am besten nachvollziehen können.

> **Beispiel 1: Zitat von Françoise Sagan**
> Man weiß selten, was Glück ist, aber man weiß meistens, was Glück war.

ex\

Betrachtet man diese Aussage, so begreift man schnell, dass das Glück hier als etwas dargestellt wird, das man immer erst im Nachhinein, also rückwirkend erkennt. Man mag dann beispielsweise an einen verpassten Zug denken, der auf seiner späteren Fahrt entgleist. Natürlich weiß man dieses Glück (für einen selbst) nicht zu schätzen, wenn man fluchend am leeren Bahnsteig steht, und kann erst später dem Zufall „danken".

So weit, so gut. Damit ist aber nicht mehr als die Inhaltsanalyse geleistet. Die Interpretation setzt nun dort an, wo diese scheinbar einfache, weil mit der alltäglichen Erfahrung gut nachvollziehbare Aussage aus verschiedenen Blickwinkeln betrachtet wird. Dass dies möglich ist, erkennt man an der Verwendung des Begriffes Glück. Denn Glück mag ein jeder für sich selbst anders definieren, Glück ist ein vager Begriff, den man nicht recht fassen kann. Wenn dies aber so ist, so stellt sich doch die Frage, ob wenigstens im thematischen Bereich dieser Aussage unter dem Glück etwas Bestimmtes verstanden werden soll. Zugegeben, Sie werden diese Frage besser beantworten können, wenn Sie gewisse philosophische Vorkenntnisse besitzen. Der Verständlichkeit zuliebe möchte ich jedoch im Folgenden keine allzu breiten Exkurse in die Weiten der Glücksphilosophie unternehmen. Die unterschiedlichen Aspekte des Glücksbegriffs werde ich mithilfe von einfachen Alltagsbeispielen kurz veranschaulichen.

Man könnte hier als Glück zunächst den oben benannten **glücklichen Zufall** bezeichnen. Allein, zwischen „Glück haben" und „glücklich sein" besteht ein großer Unterschied. Dass hier gerade nicht die zufällige oder schicksalhafte glückliche Wendung gemeint ist, wird daran deutlich, dass man diese rückblickend „meistens" erkennen müsste, wir aber meistens keinerlei Ahnung davon haben, welchen Risiken und Gefahren wir im Alltagsleben entgehen (oder wann wir umgekehrt „zur rechten Zeit am rechten Ort“ waren). Zwar können wir uns bei den skandalträchtigen Unglücken, die die breite Öffentlichkeit betreffen – etwa einer Zugentgleisung, einem Flugzeugabsturz oder einem Banküberfall – aus den Nachrichten zuverlässig unterrichten. All die kleinen Gefahren, die wir vermeiden, sind uns aber weder in dem Moment selbst, in dem wir ihnen entgehen, noch zu einem späteren Zeitpunkt bewusst. Man denke hier nur an das Benutzen eines öffentlichen Verkehrsmittels ohne gültigen Fahrschein – eine strafbare Leistungserschleichung! –, wenn der Fahrkartenkontrolleur „zum Glück“ erst zusteigt, nachdem man selbst gerade wieder ausgestiegen ist. Und auch größere Gefahren bleiben uns mitunter verborgen. Wir müssen in unserem Leben immer wieder Entscheidungen treffen, die unser gesamtes weiteres Leben beeinflussen können: Studiere ich in meinem Heimatort in der Nähe von Freunden und Familie oder doch im Ausland, wo ich ganz neue Erfahrungen machen könnte? Entscheide ich mich für Haus, Frau und Kind oder doch zugunsten meiner Karriere in der großen Stadt? Nehme ich das neue Jobangebot an oder bleibe ich dort, wo ich seit Jahren gut lebe? Egal, wie wir uns entscheiden: Am Ende wissen wir nicht, wie die Dinge verlaufen wären, wenn wir uns anders entschieden hätten. Und vielleicht war es ein ganz großes Glück, dass wir das gerade nicht getan haben.

Für die Interpretation von Bedeutung ist also nicht das uns häufig unbewusste „Glückhaben“, sondern vielmehr das „Glücklichsein“, was uns allerdings vor ein Problem stellt: Behauptet wird nämlich, dass man nur rückblickend erkennt, dass man glücklich war, also nicht weiß, dass man glücklich ist. Man könnte sich hier an die epikureische Philosophie erinnert fühlen, wonach auf eine längere Zeit des Leids eine umso größere Freude folgt, also das **Glück im Kontrast zum Unglück** empfunden wird. Um dieses Prinzip mit der Aussage von Françoise Sagan zusammenzubringen, müsste man dann aber die Vorzeichen umdrehen, also davon sprechen, dass man erst dann sein Glück erkennt, wenn es vorüber ist und im Vergleich mit der aktuellen Zeit des Unglücks als Glück erkennbar wird. Denn Françoise Sagan behauptet gerade nicht, dass man zum Zeitpunkt des Erkennens glücklich ist, sondern dies zu einem früheren Zeitpunkt war.

Aber geht das überhaupt? Kann man glücklich sein, ohne zu wissen, dass man glücklich ist? Gibt es – fernab des glücklichen Zufalls – dieses unbewusste Glück und um welche Art von Glück würde es sich handeln?

Denkbar schiene zunächst das **Glück im hedonistischen Sinne**, also das schnelle, punktuelle Glück, das man mit Spaß oder Vergnügen gleichsetzen könnte. Es besteht etwa im genussreichen Essen, im herzhaften Lachen, im Erwerb begehrter Dinge, im Stillen seiner sexuellen Lust. Wenn wir unseren Trieben und Begierden nachgeben, so kann uns dies – jedenfalls kurzzeitig – glücklich machen. Indes kann diese Art von Glück hier nicht gemeint sein, denn sie ist zwar flüchtig, aber auch höchst präsent: Das hedonistische Glück ist ein voll und ganz bewusstes Glück, es lebt von der aktiven Bedürfnisbefriedigung.

Denkbar wäre auch das **eudämonistische Glück**, d. h. der langfristige ausgeglichene Gemütszustand, eine Zufriedenheit, die durch die Befolgung ethischer Grundsätze erreicht werden kann. Problematisch ist jedoch das Zeitelement, das in Françoise Sagans Aussage steckt, denn der Kontrast zwischen „ist“ und „war“ deutet darauf hin, dass das Glück zum Zeitpunkt der späteren Erkenntnis nicht mehr vorhanden ist. Die Glückseligkeit im eudämonistischen Sinn ist aber keineswegs als periodisches Glück, sondern als eine stete innere Glückseligkeit gedacht, die unabhängig von allen äußeren (belastenden) Faktoren besteht.

Es bleibt das Glück im Sinne einer **Abwesenheit von Unglück**, also der Umstand, dass es uns im Vergleich zu früheren oder späteren Zeiten besser ergeht. Auf diese Weise ließe sich das Problem des unbewussten Glücklichseins lösen, vor das uns Françoise Sagan stellt: Denn ein Mensch, dem es gut geht, wird sich dies im Alltag nicht ständig bewusst machen. Vielmehr verfügt er nur über etwas, das man als gedankliches Mitbewusstsein bezeichnen könnte. Wenn wir morgens aus einem weichen Bett aufstehen, uns ohne geistige und körperliche Beschwerden ins Auto setzen und zur Arbeit fahren, ohne dass es zu einem Verkehrsunfall kommt, dann denken wir nicht aktiv daran, dass wir zufrieden sind. Im besten Falle können wir dies aber behaupten, wenn wir gezielt danach gefragt werden. Zumindest aber erkennen wir das Glück vergangener Tage, wenn wir uns eines Morgens mit schmerzenden Gliedern ins Büro quälen müssen. Solange uns nichts stört, sind wir zufrieden, ohne dass uns dies im Moment des Zufriedenseins bewusst ist. Das ist die Art des Glücks, von der Françoise Sagan spricht.

> **Beispiel 2: Zitat von Alfred de Musset**
> Tout ce qui était n'est plus.
> Tout ce qui sera n'est pas encore.
> Ne cherchez pas ailleurs le secret de nos maux.

> (Alles, was war, ist nicht mehr.
> Alles, was sein wird, ist noch nicht.
> Sucht nicht anderswo den Grund unseres Übels.)

Will man diese Aussage deuten, so empfiehlt es sich, beim Imperativ des letzten Satzes zu beginnen. Problematisch ist hier das Adverb „ailleurs (anderswo)“, denn es lässt zwei Auslegungen zu: Erstens – und naheliegend – wird man die Aussage so verstehen, dass die Ursache des Übels nicht in der Vergangenheit und nicht in der Zukunft liegen kann, weil beide Zeiten nicht gegenwärtig sind. Die Ursache kann also nur im Hier und Jetzt liegen, sodass es sinnlos wäre, in anderen Zeiten nach ihr zu suchen. In diesem Sinne würde der letzte Satz bedeuten: Sucht nicht anderswo, d. h. nicht in anderen Zeiten den Grund unseres Übels.

Zweitens könnte man der Aussage einen gänzlich anderen Inhalt dadurch geben, dass man das Adverb „anderswo“ nicht auf die Vergangenheit oder Zukunft, sondern ausschließlich auf die in den ersten beiden Sätzen aufgestellte Tatsachenbehauptung bezieht. In diesem Sinne würde der letzte Satz bedeuten: Sucht nicht anderswo, d. h. nicht außerhalb der Tatsache, dass die Vergangenheit nicht mehr und die Zukunft noch nicht ist, den Grund unseres Übels. Die Aussage enthielte dann gewissermaßen eine die Gegenwart bedauernde Klage getreu dem Motto: Früher war alles besser (und auch später wird alles besser sein).

Der Unterschied zwischen diesen beiden Auslegungen besteht darin, dass im ersten Falle lediglich eingegrenzt wird, wo genau die Ursache des Übels gesucht und gefunden werden kann, während sie im zweiten Fall klar benannt wird: Ursächlich für das Übel ist die Gegenwart selbst, d. h. die Nichtexistenz von Vergangenheit und Zukunft.

Vielleicht mag Ihnen diese zweite Deutungsmöglichkeit bei näherer Betrachtung sinnlos erscheinen, weil man vernünftigerweise wohl kaum behaupten kann, dass allein die Tatsache des Lebens im Hier und Jetzt ursächlich für ein Übel ist, zumal man schlechterdings nicht in der Vergangenheit oder Zukunft leben kann und mithin dem Übel weder in der Vergangenheit entfliehen konnte noch in der Zukunft entfliehen können wird, sodass es früher nicht besser sein konnte und auch später nicht besser sein wird. Indes haben Sie die Aussage zunächst nicht an den Maßstäben der Vernunft zu messen (was Sie gerne im Rahmen einer späteren persönlichen Stellungnahme tun können), sondern zu interpretieren. Möglicherweise soll hier gerade auf die Ausweglosigkeit des Übels hingewiesen werden. Und möglicherweise erscheint auch die erste Deutungshypothese zweifelhaft, weil in einer Zeit, die noch nicht ist, die Ursache für ein gegenwärtiges Übel selbstverständlich nicht liegen und auch nicht gesucht werden kann, sodass es fraglich erscheint, wieso man jemanden dazu auffordern sollte, das offensichtlich Unmögliche, nämlich eine Suche in der Zukunft, nicht zu tun. Um zu einem Deutungsergebnis zu gelangen, sollten Sie sich daher nicht auf Erwägungen Ihrer eigenen Vernunft stützen, die Sie weder dem Autor noch dem Inhalt seiner Botschaft unterstellen können. Konzentrieren Sie sich stattdessen auf die im ersten Teil des Hauptteils herausgearbeiteten Ergebnisse Ihrer Form-, Inhalts- und Sprachanalyse.

Hier könnten Sie zunächst auf die – sowohl im Deutschen als auch im Französischen vorhandene – parallele Struktur und die Repetitionen in den ersten beiden Sätzen eingehen, also darauf, dass sich die Vergangenheit und die Zukunft in syntaktischer Hinsicht nicht gegenüberstehen, sondern in gewisser Weise gleichgestellt, vereinheitlicht und damit unterschiedslos gemacht werden. Dafür spricht auch das im Französischen gleichbleibende Metrum, das erst im dritten Satz aufgegeben wird. Wenn aber die beiden nichtexistenten Zeiten auf diese Weise ihrer Eigentümlichkeit und Eigenständigkeit beraubt werden, so wäre es ungereimt, ihnen im interpretatorischen Teil eine so große Bedeutung beizumessen, wie dies unter Zugrundelegung der zweiten Deutungsmöglichkeit der Fall wäre. Zugegeben: Deutlicher gegen die zweite und für die erste Auslegungsvariante spricht letztlich der Imperativ „cherchez (sucht)“, denn wenn der Grund des Übels bereits mit der Gegenwart identifiziert würde, müsste er gar nicht mehr gesucht werden. Die Aussage wäre in sich widersprüchlich. Wie eingangs erwähnt, unterstellen wir bei der Interpretation aber, dass die Aussage verstanden werden will.

5.1.2 Rückgriff auf die Entstehungsgeschichte

Bisher wurde versucht, einen Text durch Rückgriff auf die Ergebnisse einer vorangegangenen Analyse, also durch eine Einordnung einzelner mehrdeutiger Teile des Textes in den Gesamtzusammenhang von Form, Inhalt und Sprache zu interpretieren. Im ersten Beispiel konnte gezeigt werden, wie die Bedeutung eines Wortes durch den Kontext determiniert wurde, weil dieser jede andere mögliche Bedeutung ausschloss. Dies gelingt jedoch nicht immer. Solange eine Aussage nicht nur wissenschaftlich definierte Begriffe enthält, sondern sich der allgemeinen Umgangssprache oder literarischer

Stilmittel bedient, können trotz aller Bemühungen mehrere Deutungsvarianten möglich bleiben. Der Empfänger einer Äußerung steht dann vor dem Problem, dass er sich möglicherweise in einer anderen zeitlichen und örtlichen Situation befindet als die Botschaft zur Zeit ihrer Entstehung. Der Philosoph **Wilhelm Dilthey** hat in seinen Überlegungen zum sog. **Hermeneutischen Zirkel** auf die Bedeutung des Verhältnisses zwischen dem Teil und dem Ganzen hingewiesen, das in einer **Wechselwirkung** besteht: So wie der Teil nur vor dem Hintergrund der Ganzheit, also aller sozialen, kulturellen, politischen und religiösen Umstände verstanden werden kann, so hängt das Verständnis des Ganzen wiederum von der Zusammenschau aller Einzelteile ab.[6]

Wilhelm Dilthey (geboren am 19. November 1833 in Biebrich, gestorben am 1. Oktober 1911 in Seis am Schlern) lehrte an der Friedrich-Wilhelms-Universität in Berlin. Er gilt als einer der bedeutendsten Theologen und Philosophen des 19. und 20. Jahrhunderts, auf den die Begründung der Geisteswissenschaften in Abgrenzung zu den Naturwissenschaften zurückgeht.

Um einen Text zu verstehen, kann es hilfreich sein, ihn in seinen historischen Hintergrund einzubetten und dadurch „mit anderen Augen" zu sehen. Die Interpretation greift nun also nicht mehr auf eigene Merkmale des Textes (Form, Inhalt und Sprache) zurück, sondern blickt auf die äußeren Umstände, unter denen er entstanden ist. Dabei muss klar sein: Wir sehen den Text nun mit den Augen (auch) der Verfasserin oder des Verfassers. Während der Rückgriff auf die Ergebnisse der Analyse das Verständnis einer Aussage völlig unabhängig vom Sender ermöglicht, kommen wir beim Rückgriff auf die Entstehungsgeschichte dem vom Sender beabsichtigten Aussagegehalt deutlich näher. Zwar fragen wir auch jetzt nicht danach, was der Sender zu sagen beabsichtigte, sondern was er tatsächlich gesagt hat. Wir versetzen uns aber in die Position seiner historischen Empfänger, die denselben sozialen, kulturellen, politischen und religiösen Hintergrund haben wie der Sender.

6 Wilhelm Dilthey, Gesammelte Schriften Band 7, Der Aufbau der geschichtlichen Welt in den Geisteswissenschaften, B. G. Teubner Verlag, Leipzig 1927, S. 235.

Die Frage lautet dann, ob zumindest aus ihrer Perspektive eine bestimmte Deutung möglich ist, weil der historische Hintergrund das Verständnis des Textes prägt.

> Das will ich Ihnen an zwei Aussagen demonstrieren, nämlich: „Der Papst ist der gefährlichste Kritiker der Kirche" und „Der Präsident ist der Bittsteller der Nation". Beide Aussagen sind insofern deutungsoffen, als das Subjekt – hier der Papst, dort der Präsident – sowohl eine ganz bestimmte Person der Zeitgeschichte, also einen bestimmten Papst und einen bestimmten Präsidenten, oder aber das Amt des Papstes oder des Präsidenten unabhängig von der Person, die es zeitweilig bekleidet, meinen kann. Die Ergebnisse der Analyse bringen uns an dieser Stelle nicht weiter. Selbst wenn die Worte „Präsident" und „Nation" auf Frankreich hindeuten (weil es von einem Präsidenten geführt wird und den Beinamen „Grande Nation" trägt), bleibt offen, ob alle französischen Präsidenten gemeint sind. Erst die Einordnung in den historischen Kontext ermöglicht uns die Deutung.
> Angenommen, die erste Aussage wäre im April 2016 im Anschluss an die von konservativen Katholiken kritisierten Äußerungen des Papstes über Ehe und Familie getroffen worden, und die zweite Aussage in einer französischen Tageszeitung in Bezug auf die Rede des Präsidenten vom 10.12.2018 im Zusammenhang mit den Protesten der sogenannten Gelbwesten, bliebe aus Empfängersicht kein Zweifel daran, dass die Aussagen ausschließlich Papst Franziskus und den französischen Präsidenten Emmanuel Macron meinen. Ob die Sender ihre jeweilige Aussage tatsächlich auf den aktuellen Amtsträger beschränken wollten, ist für die Deutung von untergeordneter Relevanz. Der maßgebliche historische Zusammenhang spricht jedenfalls für dieses Verständnis.

Die vorangegangenen Beispiele waren so gestaltet, dass die Deutung nur durch einen Rückgriff auf die Entstehungsgeschichte möglich war. Die Untersuchung des sozialen, kulturellen, politischen und religiösen Kontextes hat aber auch dann Bedeutung, wenn sie die Ergebnisse der Analyse bloß bestätigt (oder mit ihr konfligiert). Selbst wenn Sie schon durch die Zusammenschau von Form, Inhalt und Sprache eine bestimmte Deutung festlegen können, sollten Sie die Entstehungsgeschichte also nicht ignorieren.

ex\

Die Aussage von Alfred de Musset haben wir schon aufgrund formaler und sprachlicher Besonderheiten interpretieren können: Der Verfasser beklagt das Übel, dessen Grund er im Hier und Jetzt verortet. Gleichwohl lohnt sich auch hier ein Blick auf den historischen Hintergrund, der dieses Deutungsergebnis trägt. 1832 verstarb der Vater von Alfred de Musset infolge einer Typhusepidemie. Ein Jahr später wurde er von seiner Geliebten, der Romanautorin George Sand, betrogen. Diese beiden Schicksalsschläge warfen Alfred de Musset in eine tiefe Sinnkrise. Seine darauffolgenden Publikationen sind durchzogen von Weltschmerz und Desillusion. Wäre eine Deutung mittels Form und Sprache nicht möglich gewesen, würde jedenfalls vor diesem Hintergrund klar: Alfred de Musset war kein Träumer, der gerne in der Vergangenheit gelebt hätte oder ungeduldig den Aufbruch in eine neue Zeit erwartete. Der historische Empfänger seiner Botschaft hat die Typhusepidemie erlebt, die einen der Gründe im Hier und Jetzt darstellte, die für das Übel verantwortlich gemacht wurden. Unter den historischen Gegebenheiten war die Aussage von Alfred de Musset eindeutig.

Damit Sie einen Text (zumindest grob) in seinen historischen Kontext einordnen können, möchte ich Ihnen die folgende Übersicht geben:

Epoche (zeitlicher Rahmen)	**historischer und kultureller Zusammenhang**	**literarische Werke, Vertreter der Epoche**
Frühmittelalter (750–1050) *althochdeutsche Literatur*	• Karolingische Renaissance (800: Krönung Karls des Großen in Rom, Pflege antiker Bildung am Hof) • Klosterkultur (Klöster als Kultur- und Bildungsträger) • Baustil der Romanik	hauptsächlich geistliche Dichtung *Hildebrandslied*
Hochmittelalter (1050–1250) *mittelhochdeutsche Literatur*	• Christianisierung (1096: 1. Kreuzzug) • Bildung einer höfischen Ritterkultur • Baustil der Frühgotik	Minnesang (Walther von der Vogelweide) Versepen (*Nibelungenlied*)

Epoche (zeitlicher Rahmen)	historischer und kultureller Zusammenhang	literarische Werke, Vertreter der Epoche
Spätmittelalter (1250–1500) *frühneuhochdeutsche Literatur*	• Pest (1348–1352) • Gründung deutscher Universitäten (1368: Heidelberg, 1388: Köln) • Buchdruck (1452: Bibeldruck durch Johannes Gutenberg) • Baustil der Hochgotik	Meistersang (Oswald von Wolkenstein)
Renaissance, Humanismus (1470–1600)	• Entdeckungen (1492: Entdeckung Amerikas durch Christoph Kolumbus, 1498: Entdeckung des Seewegs nach Indien durch Vasco da Gama) • heliozentrisches Weltbild (Nikolaus Kopernikus) • Zeitalter der Reformation (1517: Martin Luthers 95 Thesen, Lutherbibel)	Volksbücher (*Lalebuch*: Schildbürger) Schwänke Hans Sachs: Fastnachtsspiele
Barock (1600–1720)	• Dreißigjähriger Krieg (1618–1648) • absolutistische Herrscher (Louis XIV. in Frankreich) • Inquisitionsprozess gegen Galileo Galilei (1633) • erste deutsche Tageszeitung (1650) • Glorreiche Revolution in England (1689: Declaration of Rights)	Martin Opitz: „Carpe Diem" Andreas Gryphius: „Es ist alles eitel", „Abend" Hans Jakob Christoffel von Grimmelshausen: *Der Abentheuerliche Simplicissimus Teutsch*
Aufklärung (1720–1800) **Empfindsamkeit (1740–1780)** **Sturm und Drang (1765–1785)**	• Siebenjähriger Krieg (1756–1763) • Erfindung der Dampfmaschine (1768) • amerikanische Unabhängigkeit (1776) • Französische Revolution (1789) • Durchsetzung der Schulpflicht	**Aufklärung** Immanuel Kant: *Grundlegung zur Metaphysik der Sitten, Kritik der reinen Vernunft, Kritik der praktischen Vernunft, Kritik der Urteilskraft* Jean-Jacques Rousseau: *Vom Gesellschaftsvertrag*

Epoche (zeitlicher Rahmen)	historischer und kultureller Zusammenhang	literarische Werke, Vertreter der Epoche
		oder Prinzipien des Staatsrechtes Gotthold Ephraim Lessing: *Nathan der Weise*
		Empfindsamkeit Friedrich Gottlieb Klopstock: *Messias* Johann Heinrich Voß: *Luise. Ein ländliches Gedicht in drei Idyllen*
		Sturm und Drang Friedrich Maximilian Klinger: *Sturm und Drang* Johann Wolfgang von Goethe: „Prometheus" Friedrich Schiller: *Die Räuber*
Klassik (1786–1832) **Frühromantik (1795–1804)**	• napoleonisches Zeitalter • Ende des Heiligen Römischen Reiches deutscher Nation (1806) • preußische Reformen • Wiener Kongress (1815) • Wartburgfest (1817) • Karlsbader Beschlüsse (1819)	**Klassik** Johann Wolfgang von Goethe: *Iphigenie auf Tauris, Römische Elegien, Wilhelm Meisters Lehr- und Wanderjahre, Faust I und II*, „Natur und Kunst", „Wiederfinden" Friedrich Schiller: *Don Carlos, Wallenstein, Maria Stuart, Wilhelm Tell*, „Würde der Frauen"
		Frühromantik Ludwig Tieck: *Peter Lebrecht. Eine Geschichte ohne Abentheuerlichkeiten* Friedrich Schlegel: *Vom ästhetischen Werte der griechischen Komödie*
Spätromantik (1815–1848) **Biedermeier (1820–1848)**	• Julirevolution in Paris (1830) • Darwinismus (1831: Charles Darwin beginnt seine Weltreise)	**Spätromantik** Ernst Theodor Amadeus (E.T.A.) Hoffmann: „Entschluss", *Die Elixiere des*

Epoche (zeitlicher Rahmen)	historischer und kultureller Zusammenhang	literarische Werke, Vertreter der Epoche
Junges Deutschland (1830–1848) **Vormärz (1830–1848)**	• Hambacher Fest (1832) • Erfindung der Fotografie (1835) • Kommunistisches Manifest (1848) • Märzrevolution (1848: Zusammentritt der deutschen Nationalversammlung in der Frankfurter Paulskirche)	*Teufels, Der Elementargeist* Joseph von Eichendorff: *Aus dem Leben eines Taugenichts*, „Der Einsiedler“ Jacob und Wilhelm Grimm: *Kinder- und Hausmärchen, Deutsche Sagen*
		Biedermeier Annette von Droste-Hülshoff: *Die Judenbuche* Eduard Mörike: „Am Walde“
		Junges Deutschland und Vormärz Heinrich Heine: *Der Salon, Atta Troll – Ein Sommernachstraum*
Realismus (1850–1890) **Naturalismus (1880–1900)**	• Gründung des Norddeutschen Bundes unter preußischer Führung (1866) • deutsch-französischer Krieg (1871) • „kleindeutsche Lösung“ (preußischer Kaiser Wilhelm I., Kanzler Otto von Bismarck) • Industrialisierung und Sozialdemokratie • Sozialistengesetze und Sozialgesetze • Zeitalter des Imperialismus • Dudens Wörterbuch (1880)	**Realismus** Theodor Storm: *Der Schimmelreiter* Gottfried Keller: *Kleider machen Leute* Theodor Fontane: *Effi Briest*
		Naturalismus Gerhart Hauptmann: *Bahnwärter Thiel* Arno Holz: „Ihr Dach stieß fast bis an die Sterne“, „Rote Dächer“
Gegenströmungen zum Naturalismus (1890–1933)	• Inkrafttreten des BGB (1900) • Balkankrise • Kolonialkrise	**Impressionismus** Arthur Schnitzler: *Anatol* Thomas Mann: *Buddenbrooks, Der Tod in Venedig*

Epoche (zeitlicher Rahmen)	historischer und kultureller Zusammenhang	literarische Werke, Vertreter der Epoche
Expressionismus (1910–1925)	• Erster Weltkrieg (1914–1918) • Russische Oktoberrevolution (1917) • Wahlrecht für Frauen (1918) • Vertrag von Versailles (1919)	**Symbolismus** Rainer Maria Rilke: „Der Panther" Christian Morgenstern: *Galgenlieder* Hermann Hesse: „Im Nebel" **Expressionismus** Franz Kafka: *Der Prozess, Die Verwandlung* Georg Heym: *Der Gott der Stadt*
Literatur der Weimarer Republik (1918–1933) **Exilliteratur (1918–1945)**	• Inflation (1923) • „Goldene Zwanziger" (1924–1929) • Weltwirtschaftskrise (1929) • Hitlers Machtergreifung (1933) • Zweiter Weltkrieg (1939–1945)	Berthold Brecht: *Mann ist Mann, Die Dreigroschenoper* Erich Kästner: *Emil und die Detektive, Das fliegende Klassenzimmer, Fabian. Die Geschichte eines Moralisten* Heinrich Mann: *Professor Unrat oder das Ende eines Tyrannen, Der Untertan*
Nachkriegsliteratur (ab 1945)	• Atombomben (Hiroshima und Nagasaki) • UN-Menschenrechtserklärung (1948) • deutsche Besatzungszonen • Gründung der BRD und DDR (1949) • Bau der Berliner Mauer (1961) • Elysée-Vertrag (1963) • erste Mondlandung (1969)	Günter Grass: *Die Blechtrommel* Friedrich Dürrenmatt: *Der Besuch der alten Dame* Max Frisch: *Biedermann und die Brandstifter, Homo faber* Renate Rasp: „Eine kühle Romanze"
Literatur nach 1989	• deutsche Wiedervereinigung (1990) • Ende der UdSSR (1991) • Terrorismus in den USA (2001) • Europäische Währungsunion (2002) • Irakkrieg (2003)	Ulla Hahn: *Der Mann im Haus, Aufbruch* Bernhard Schlink: *Der Vorleser* Daniel Kehlmann: *Die Vermessung der Welt*

Epoche (zeitlicher Rahmen)	historischer und kultureller Zusammenhang	literarische Werke, Vertreter der Epoche
	• Weltwirtschaftskrise (2009) • Terrorismus in Europa (z. B. Anschlag auf „Charlie Hebdo", 2015) • Flüchtklingskrise (2015)	

Tab. 4: Übersicht zu den literarischen Epochen

Wir haben nun gesehen, dass der Rückgriff auf die Entstehungsgeschichte die Deutung eines Textes ermöglichen und eine bestimmte Deutung bestätigen kann. Letzteres ist jedoch nicht zwingend. Es ist durchaus denkbar, dass eine Aussage nicht in den historischen Kontext passt, in dem sie getroffen wurde. Das kann zwei Gründe haben: Entweder es besteht eine Diskrepanz zwischen dem, was der Sender sagen wollte, und dem, was er tatsächlich gesagt hat, oder aber der Sender wollte sich bewusst von dem allgemeinen Zeitgeist abheben. Ersteres kann man im Zuge einer kritischen Auseinandersetzung mit dem Text im Anschluss an die Interpretation thematisieren. Letzteres ist dagegen noch Bestandteil der Interpretation, die auch der Frage nachgeht, wie sich die untersuchte Aussage zu anderen Aussagen verhält. Das schauen wir uns im Folgenden an.

5.2 Verhältnis zu anderen Aussagen

Bisher haben Sie sich eingehend mit dem analysierten Text beschäftigt und dabei sowohl die Ergebnisse Ihrer Analyse als auch den historischen Kontext berücksichtigt. Auf dem Verständnis des Textes liegt auch zumeist der Schwerpunkt Ihrer Interpretation. Nichtsdestotrotz dürfen Sie nicht den Fehler begehen, Ihre Interpretation mit dem gefundenen Deutungsergebnis vorschnell zu beenden. Vielmehr können und sollten Sie Ihren Text zusätzlich in Beziehung zu anderen Aussagen setzen. Denn erst dadurch, dass Sie die Aussage des Textes von anderen Aussagen abgrenzen, gelingt es Ihnen, den Aussagegehalt und die zeit- und literaturgeschichtliche Bedeutung des Textes deutlich zu machen. Um die Aussage des Textes zu verdeutlichen, genügt es schon, sie mit nur einer anderen Aussage zu vergleichen und die bestehenden Gemeinsamkeiten und Unterschiede darzustellen (dazu 5.2.1). Wenn Sie aber zeigen wollen, welche Bedeutung dem Text zukommt, ist es nötig, ihn mit dem allgemeinen Zeitgeist der Epoche zu vergleichen (dazu 5.2.2).

5.2.1 Vergleich mit einer anderen Aussage

Der Vergleich mit einem anderen Text kann ausdrücklich von Ihnen verlangt sein. Sie werden dann entweder dazu aufgefordert, den Text mit anderen Werken derselben Autorin oder desselben Autors, derselben Epoche oder desselben thematischen Zusammenhangs zu vergleichen, oder aber das Vergleichswerk wird Ihnen explizit genannt. Dabei ist es weder Ihnen noch der Aufgabenstellerin oder dem Aufgabensteller verwehrt, Sie durch unterschiedliche Epochen „springen" zu lassen, d. h. auch wenn Sie sich mit einer Rede der Gegenwart beschäftigen, können Sie deren Aussage mit der Aussage historischer Reden vergleichen. Einzige Voraussetzung der Vergleichbarkeit ist die **thematische Identität** beider Texte, d. h. die Aussage des einen muss sich in den thematischen Kontext des anderen einordnen lassen. Ziel des Vergleiches ist es nämlich, Unterschiede und Gemeinsamkeiten in den beiden Aussagen herauszuarbeiten, wobei es empfehlenswert ist, einen **differenzierten Vergleich** anzustreben, d. h. darzustellen, inwieweit sich die beiden Aussagen ähneln und wo sie sich voneinander unterscheiden.

Die Vergleichsmethode setzt regelmäßig das Vorhandensein eines „thematischen Repertoires" voraus, auf das Sie zum Zwecke der Erschließung einer Aussage zurückgreifen können. Dieses Repertoire gehört zu dem fachspezifischen Wissen, das Ihnen im Studium vermittelt wird.

> Bedeutsam wird das thematische Repertoire beispielsweise, wenn politische Meinungsbildungsprozesse dargestellt werden sollen, also aufgezeigt werden soll, ob und inwiefern sich die Politik eines Landes über einen bestimmten Zeitraum hinweg verändert hat. Hierzu können dann Aussagen verschiedener Politikerinnen und Politiker (oder sogar derselben Politikerin oder desselben Politikers) herangezogen werden, die diese zu einem bestimmten Thema in einem gewissen zeitlichen Abstand voneinander gemacht haben.

Das Vorhandensein eines solchen Repertoires kann schließlich nicht nur für den Vergleich eines Textes mit einem anderen Werk, sondern auch für das Verständnis des Textes selbst von Vorteil sein.

> So ist es etwa hilfreich, die Bedeutung des Wortes **„kafkaesk"** nicht nur dann zu kennn, wenn Sie ein Werk von Franz Kafka interpretieren. Sie sollten also wissen, dass dieses Attribut primär nicht den Urheber des Textes benennen, sondern einen Bezug zu den charakteristischen Merkmalen eines Textes von Franz Kafka herstellen soll. Dazu gehören beispielsweise die irritierende Ausgangssituation, in der der Protagonist eines Morgens als Ungeziefer aufwacht oder verhaftet wird, obwohl er gar nichts Böses getan hatte, sowie die Verschmelzung von Realität und Fiktion hin zu einer teils unglaublichen, teils wirklichkeitsnahen Erzählung. Zu nennen wäre schließlich die Erzählhaltung, mittels derer die Leserinnen und Leser so lange in die (Gedanken- und Gefühls-)Welt des Protagonisten hineinversetzt werden, bis sie sich mit ihm identifizieren und bis das unlösbar Rätselhafte des Geschehens zu ihrem eigenen persönlichen Mysterium wird. Jurastudentinnen und -studenten, die sich ihrem Fach aus rechtstheoretischer Sicht nähern, werden von diesem Repertoire profitieren, wenn sie Kafkas *Vor dem Gesetz*, *In der Strafkolonie* oder *Der Prozess* erschließen.

ex\

5.2.2 Verhältnis zum Zeitgeist der Epoche

Der Vergleich des Textes mit dem Zeitgeist der Epoche geht über den Werkvergleich hinaus: Es geht nun nicht mehr nur darum, dass Sie die Aussage des Textes mit der eines bestimmten anderen Textes vergleichen, sondern dass Sie ihn zu den Anschauungen der gesamten Epoche in Beziehung setzen. Und das dürfen Sie nicht mit dem Rückgriff auf die Entstehungsgeschichte verwechseln: Während es dort darauf ankam, inwiefern der historische Zusammenhang das Verständnis des Textes prägt, liegt der Schwerpunkt hier auf der Frage, ob und inwieweit sich der Text von den epochentypischen Ansichten und Besonderheiten – dem Zeitgeist – abgrenzt. Sie fragen danach, ob und inwieweit der Text ein **„Kind seiner Zeit"** ist. Und um dies beurteilen zu können, müssen Sie den Text bereits in einer bestimmten Weise gedeutet haben.

Nehmen Sie an, ein westlicher Regierungschef würde in Bezug auf die Annexion der Krim durch Russland behaupten, es stehe nicht zur Debatte, ob die Halbinsel Krim ukrainisch oder russisch sei. Allein mit den Ergebnissen der Analyse könnten Sie hier nicht entscheiden, was der Regierungschef meint. Erst wenn Sie seine Aussage in ihren politischen Zusammenhang einordnen, ihre Deutung also etwa darauf aufbauen, dass der Politiker in der Vergangenheit die Annexion stets als völkerrechtswidrig verurteilt hat und die Aussage an ein Publikum richtet, das dies genauso sieht, können Sie davon ausgehen, dass die Aussage des Regierungschefs die Halbinsel trotz der Annexion als ukrainisches Staatsgebiet betrachtet. Damit haben Sie die Aussage durch Einbettung in ihren historischen Kontext gedeutet. Im nächsten Schritt können Sie dann darlegen, dass sie ein „Kind ihrer Zeit" ist, da die Völkerrechtswidrigkeit der Annexion die allgemeine westliche Meinung ist. Anders läge es, wenn der Regierungschef behauptet hätte, die Krim sei infolge der Annexion russisch geworden. Die Aussage muss dann nicht durch Rückgriff auf ihren historischen Zusammenhang gedeutet werden, denn ihr Aussagegehalt ist eindeutig. Sie können nun aber, um die politische Bedeutung der Aussage deutlich zu machen, darlegen, dass sie der allgemeinen westlichen Meinung widerspricht.

In diesem Beispiel konnten Sie sich über den Zeitgeist, die allgemeine westliche Haltung zur Annexion der Krim, zuverlässig aus den Medien (Rundfunk und Zeitungen) informieren. Interpretieren Sie einen literarischen Text, können Sie diesen (auch) in den literaturgeschichtlichen Zusammenhang einordnen, also in Bezug zu den gemeinsamen Anschauungen und Besonderheiten der literarischen Werke der Epoche setzen. Und auch hierfür können Sie die Übersicht zu den literarischen Epochen nutzen. Zwar stellt diese vor allem die wichtigsten historischen Ereignisse und kulturellen Errungenschaften der unterschiedlichen Epochen dar. Doch sind gerade diese für die Frage, ob und inwiefern ein epochentypischer **„literarischer Zeitgeist"** ausgemacht werden kann, durchaus von Bedeutung. Denn ebenso wie der soziale, politische, kulturelle und religiöse Zeitgeist steht auch der literarische Zeitgeist unter dem Einfluss der Ereignisse und Errungenschaften der Epoche. Die in der rechten Spalte aufgelisteten literarischen Werke können Sie zudem nicht nur bei der Wahl eines geeigneten Vergleichswerks unterstützen, sondern wurden auch so ausgewählt, dass sie den jeweiligen literarischen Zeitgeist der Epoche repräsentieren.

Um den literarischen Zeitgeist festzustellen, ordnen Sie nicht einen einzelnen Text, sondern die literarische Epoche als Ganzes in den historischen Zusammenhang ein und fragen danach, inwiefern sich die Ereignisse und Errungenschaften der Zeit auf die literarischen Werke dieser Zeit ausgewirkt haben. Dabei werden Sie feststellen, dass für die unterschiedlichen literarischen Epochen unterschiedliche formale, inhaltliche und sprachliche Merkmale, Leitmotive und Anschauungen charakteristisch sind.

ex\

> Zu nennen wäre hier etwa die von dem naturalistischen Dichter Arno Holz aufgestellte Formel „Natur = Kunst – x“, mithilfe derer ausgedrückt wird, dass es zwar grundsätzlich die Aufgabe von Kunst ist, ein genaues Abbild der Natur (also der Realität) zu erschaffen, dass die Kunst aber selbst dann, wenn das „x“ gegen Null strebt, wegen des stets auch subjektiven Umgangs der Künstlerin oder des Künstlers mit der Natur die Realität nie völlig unverändert, sondern nur möglichst genau darstellen kann. Diese Betrachtung von Kunst ist charakteristisch für die Epoche des Naturalismus. Naturalistische Werke versuchen, die Wirklichkeit so genau wie möglich zu treffen. In der Epoche der Romantik war die Grundhaltung eine ganz andere: Die Romantik pries die freie schöpferische Phantasie, die die Grenze zwischen Traum und Wirklichkeit öffnete. Sie beklagte strenge Vorgaben für die Kunst und schuf in ihren Werken fantastische Welten.

Mit dem Wissen um die Anschauungen und Besonderheiten der literarischen Epoche ist es Ihnen möglich, ein Urteil über die Bedeutung des Textes im literaturgeschichtlichen Kontext zu treffen. So können Sie etwa aufzeigen, dass der Text die typischen formalen Merkmale und literarischen Motive seiner Zeit enthält, sich aber in anderer Hinsicht von den Werken der Epoche unterscheidet, eine neue Sichtweise vertritt, mit bisherigen Anschauungen bricht und damit möglicherweise Zeuge oder Motor eines Wandels ist.

An dieser Stelle schließt sich der Kreis: Indem Sie auf die Entstehungsgeschichte des Textes abstellen, um ihn zu verstehen, und im Anschluss danach fragen, inwiefern er von dem Ganzen der Epoche geprägt wurde oder diese umgekehrt geprägt hat, haben Sie im Sinne des hermeneutischen Zirkels die Wechselwirkung zwischen dem Ganzen der Epoche und dem einzelnen Text als Teil der Epoche dargelegt. Wenn Sie so weit gekommen sind, also zunächst die Mehrdeutigkeit des Textes aufgezeigt, den Text dann mithilfe von Form, Inhalt und Sprache gedeutet, ihn anschließend vor dem Hintergrund seiner Entstehungsgeschichte verstanden, von einer oder mehreren anderen Aussagen abgegrenzt und schließlich seine Bedeutung im historischen Kontext erfasst haben, dann haben Sie den Text erschöpfend interpretiert und sind nun imstande, ihn im Rahmen einer persönlichen Stellungnahme zu beurteilen.

6 Ergebnis und persönliche Stellungnahme

Je nachdem, ob die Texterschließung im Rahmen einer schriftlichen Arbeit stattfindet – sei es als deren Kernstück oder nur als integrierter Teil (wie dies z. B. bei der Auslegung einer Vorschrift im Rahmen eines juristischen Gutachtens der Fall ist) – oder nicht, müssen Sie das Ergebnis Ihrer Erschließung präsentieren. Dazu fassen Sie die Erkenntnisse (nur) des interpretatorischen Teils zusammen. Konzentrieren Sie sich dabei auf die wichtigsten Erkenntnisse. Vermeiden Sie es, bereits behandelte Elemente der Analyse und Interpretation zu wiederholen und arbeiten Sie in Ihr Ergebnis auf keinen Fall neue Elemente ein! Fehlern beugen Sie hier vor, indem Sie versuchen, sich **so kurz wie möglich** zu fassen.

Dass Ihre Erschließung zu einem bestimmten Ergebnis kommen muss, ist dem Umstand geschuldet, dass sie keinem Selbstzweck dient, sondern – wie bereits bei den Ausführungen zur vorbereitenden Tätigkeit dargestellt – im wissenschaftlichen Kontext einen **Meinungsbeitrag** leistet. Wenn Sie aus einer Rechtsvorschrift oder einer politischen Rede eine bestimmte Aussage herausarbeiten, dann ist Ihr Ergebnis nicht felsenfest, sondern dem wissenschaftlichen Diskurs preisgegeben, weil es – Sie erinnern sich – angesichts der Deutungsoffenheit eines Textes nicht die eine richtige Lösung gibt. Sie müssen es also anderen Wissenschaftlerinnen und Wissenschaftlern ermöglichen, zu dem Ergebnis Ihrer Texterschließung Stellung zu nehmen.

Daneben ermöglicht die Präsentation des Ergebnisses aber auch eine **persönliche Stellungnahme**, die selbstverständlich nicht Ihr eigenes Ergebnis kritisch betrachtet, sondern sich auf die in Ihrem Ergebnis dargestellte Aussage des Textes bezieht und also zu diesem Stellung nimmt. Das werden Sie vielleicht noch vom Schulunterricht kennen: Im letzten Teil des Aufsatzes durften und sollten Sie Ihre eigene Meinung kundtun. Dass Sie das erst dort durften, liegt daran, dass Sie zu einer Aussage, deren Bedeutung Sie noch nicht erschlossen haben, keine Stellung beziehen können, dass die vollständige Interpretation der Stellungnahme also notwendig vorausgeht. Wieso aber sollten Sie es? Die Mitteilung der eigenen Meinung zu einem Text geht natürlich über das Ziel, Sie das Erschließen zu lehren, hinaus. Dennoch wollte Sie Ihre Deutschlehrerin oder Ihr Deutschlehrer und will auch ich Sie damit vertraut machen, weil Sie im Studium mit dieser Aufgabe konfrontiert werden. Der Deutschunterricht, vor allem aber das Studium soll Sie dazu befähigen, eigenständig zu denken und Sachverhalte kritisch zu beurteilen, mithin eine eigene Meinung zu bilden. Damit ist kein subjektives Empfinden gemeint, das in einer wissenschaftlichen Arbeit nichts zu suchen hat. Gemeint ist die Auseinandersetzung mit dem Text auf der Grundlage Ihrer Analyse und Interpretation. Im zweiten Teil dieses Buches werden wir noch eine andere Art der Meinungsbildung kennenlernen: Während Sie sich im Anschluss an die Analyse und Interpretation mit der Aussage des Textes auseinandersetzen, können Sie sich im Wege der Argumentation etwa mit den Meinungen anderer zu einem Text beschäftigen, also begründen, wieso Sie deren Meinung teilen oder ablehnen.

Hinsichtlich der Gestaltung der kurzen persönlichen Stellungnahme zu einem zuvor erschlossenen Text empfiehlt es sich, einen **Mittelweg** zwischen einem **journalistischen Kommentar** und einer differenzierten Argumentation anzustreben. Ein Kommentar als journalistischer Meinungsbeitrag ist ein stilistisch fein ausgearbeitetes Kunstwerk, das die Leserinnen und Leser durch Übertreibungen, rhetorische Fragen und ironische Aussagen geschickt auf die Seite der Verfasserin oder des Verfassers zieht. Inhaltlich wird einseitig argumentiert, abweichende Positionen werden also bewusst verschwiegen oder gekonnt ad acta gelegt. Die Argumentation verlangt dagegen in der Regel eine differenzierte Auseinandersetzung mit der Problemfrage, es müssen also sowohl bejahende als auch verneinende Perspektiven eingehend diskutiert und beurteilt werden. Dabei ist die Argumentation nicht darauf angelegt, die Leserin oder den Leser mit sprachlichen Raffinessen zu beeindrucken; sie bedient sich ganz anderer Mittel der (heimlichen) Einflussnahme (dazu in Teil II mehr). Im Rahmen Ihrer persönlichen Stellungnahme bedienen Sie sich nun des nüchternen, sachlichen Stils der Argumentation, während Sie sich inhaltlich am journalistischen Meinungsbeitrag orientieren dürfen. Es genügt hier also eine einseitige Sichtweise, in der Sie ausschließlich Ihre eigene Meinung darstellen und begründen.

Teil II:
Argumentieren

Der Deutschunterricht sollte Sie erstens dazu befähigen, **fremde Aussagen zu verstehen**. Dies ist, wie bereits gesehen, deshalb von großer Bedeutung, weil Sie hier eine analytische und strukturierte Denkweise erlernen sollten, auf die Sie in vielen Lebenssituationen und insbesondere in Ihrem Studium zurückgreifen müssen. Zweitens und von nicht geringerem Wert ist das Ziel, Ihnen die Bildung, Darstellung und Begründung der **eigenen Meinung** beizubringen und insoweit einen nicht unwesentlichen Beitrag zur Entwicklung und Entfaltung Ihrer (sozialen) Persönlichkeit zu leisten. Diesen Zweck verfolgt gewiss auch das Studium.

Und diese Aufgabe sollte nicht unterschätzt werden. Die heutige mediatisierte und digitalisierte Welt, in der ein jeder mit jedem anderen – wo er sich auch befinden mag – vernetzt ist, hat der Meinungsfreiheit, wie sie in den modernen Kulturgesellschaften besteht, zur Hochkonjunktur verholfen. Die Meinungsbildung findet ihre Grenzen eben nicht mehr im engeren sozialen, regionalen oder nationalen Umfeld. Die Zeit, in der Meinungen und meinungsbildende Faktoren ausschließlich von Mund zu Mund weitergegeben und durch Lokalzeitungen oder städtische Bibliotheken vermittelt wurden, ist längst und unwiederbringlich vergangen. Meinungsbildungsprozesse finden heute regelmäßig im weltweiten Netzwerk statt, das für jeden von uns eine ganze Sintflut an Informationen und Meldungen bereithält – Tendenz steigend.

Umso wichtiger ist es, dass wir in dieser digitalen Weltgesellschaft, in der der Zugang zum (vermeintlichen) Wissen nur einen Mausklick entfernt liegt, einen kühlen Kopf bewahren. Der Anthropologe **Arnold Gehlen** hat von „too much discriminative strain", von zu viel Entscheidungs- und Unterscheidungsdruck gesprochen.[7]

> Arnold Karl Franz Gehlen (geboren am 29. Januar 1904 in Leipzig, gestorben am 30. Januar 1976 in Hamburg) lehrte auf dem Gebiet der Philosophie, Psychologie und Soziologie unter anderem an den Universitäten Frankfurt a. M., Leipzig, Königsburg und Wien. Er ist einer der Hauptvertreter der philosophischen Anthropologie.

who is who

7 Arnold Gehlen, Urmensch und Spätkultur. Philosophische Ergebnisse und Aussagen, Athenäum Verlag, Frankfurt a. M. 1956, S. 43.

Wir müssen lernen, die Masse an Informationen zu filtern, um sie überblicken zu können. Diese Herausforderung beginnt schon bei der allmorgendlichen Frage nach dem vitalsten, ökologischsten und energetischsten Frühstück – also bei der vom ernährungsmedizinischen Bereich oft losgelösten Trendforschung – und endet schließlich bei der Beurteilung eines transatlantischen Freihandelsabkommens mit den USA. Suchen Sie nach Informationen und das Internet wird Sie damit überschütten. Wir müssen daher immer wieder Wichtiges von Unwichtigem trennen und auf der Grundlage einer überschaubaren Anzahl an Fakten eine eigene Meinung bilden, um nicht zur fremdbestimmten Spielfigur in einer Zeit zu werden, die uns doch unfassbare Chancen bietet.

Und das gilt nicht nur im Alltag, sondern auch in der Wissenschaft. Freilich soll Sie das Studium zu einer sozialen Persönlichkeit erziehen, die selbstbestimmt ihr Leben führt und Entscheidungen argumentativ begründen kann. In erster Linie soll es aus Ihnen aber eine Wissenschaftlerin oder einen Wissenschaftler machen, die oder der mit der fachlichen Meinung überzeugt. Wenn wir einen spannenden Roman lesen, so mögen wir uns zwar mit den Worten selbst und den fernen Orten, an die sie uns bringen, begnügen. In gleicher Weise mögen wir uns allein an dem melodischen Klang und den schönen Bildern des barocken Sonetts erfreuen. Regelmäßig aber sollen und wollen wir auf die Aussage eines anderen reagieren – und zwar kommunikativ, in Gestalt der Zustimmung oder der Widerrede. Das gilt vor allem im Bereich der Wissenschaft, weil die Wissenschaftlichkeit eines Faches mitunter von der steten fachlichen Diskussion lebt. Einige der berühmtesten Meinungsstreite habe ich Ihnen schon ganz am Anfang dieses Buches vorgestellt. Als Studentin oder Student müssen Sie lernen, wie man mit ihnen umgeht, also selbst Position bezieht, die eigene Meinung begründet und verteidigt.

Bisher haben wir im Zusammenhang mit der eigenen Meinungsbildung die persönliche Stellungnahme zu einem Text kennengelernt. Diese hilft uns dort, wo es um den **wissenschaftlichen Streit** geht, jedoch nicht weiter. Denn erstens ist sie auf ein Mindestmaß an vertretbarer Meinungsäußerung reduziert. Und zweitens stellt sie ein Mittel dar, um auf eine fremde Aussage zu reagieren, beansprucht aber nicht, eine strittige Frage zu beantworten.

ex\

Wenn Sie zur Bismarck'schen Sozialpolitik Stellung nehmen, dann streiten Sie sich höchstens mit dem historischen Kanzler, nicht aber mit

> anderen Historikerinnen und Historikern. Dazu kommt es erst, wenn Sie auf deren Ansichten reagieren.

Wie Sie das tun, möchte ich Ihnen im Folgenden erklären. Dabei werden Sie sehen, dass wir das bisherige Rollenungleichgewicht gewissermaßen umdrehen: In Teil I dieses Buches stand das Verständnis eines Textes im Mittelpunkt, die Bildung der eigenen Meinung war von untergeordnetem Interesse. Wenn es nun in Teil II darum geht, das Argumentieren zu erlernen, so ist zwar auch insoweit das Verständnis fremder Aussagen bedeutsam, als die Argumentation auf der Textarbeit aufbaut. In Teil II wird es indes nicht um die Analyse und Interpretation, sondern um die Argumentation gehen. Verstehen Sie einen Text, der für Ihre Argumentation von Bedeutung ist, falsch, dann wird dadurch zwar auch Ihre Argumentation inhaltlich falsch (oder ist für andere zumindest nicht mehr nachvollziehbar). Dies ändert aber nichts daran, dass die Art und Weise, also die Methode, wie Sie argumentieren, korrekt bleibt. Ziel von Teil II ist es, Sie mit dieser Methode vertraut zu machen.

Und weil das Methodentraining im Fokus steht, empfiehlt es sich, die Beispiele, anhand derer die Methodik erklärt wird, so einfach wie möglich zu wählen. Bei der Texterschließung war das anders. Denn dort sollten Sie neben dem methodischen Regelwerk auch den quantitativen und qualitativen Unterschied der wissenschaftlichen Arbeit im Vergleich zum Schulaufsatz erkennen. Dieser Unterschied beruht letztlich auf der Deutungsoffenheit von Texten, die es erlaubt, immer wieder neue Aspekte zu berücksichtigen. Die Deutung eines Textes hängt eben nicht nur vom Text und seiner Autorin oder seinem Autor, sondern auch von der Person des Empfängers ab. Die behandelten Texte und Beispiele lehnten sich daher an den universitären Lehrplan an. Bei der Argumentation geht es hingegen ausschließlich darum, Sie das methodische Verständnis zu lehren. Denn die Erwartungen sind im Studium nur in quantitativer, nicht aber in qualitativer Hinsicht erhöht: Da der Fundus möglicher Argumente nicht unbegrenzt ist, können Sie sich im Studium keiner anderen (besseren) Argumente bedienen als in der Schule. Die Qualität Ihrer Argumentation zeichnet sich hier vielmehr durch ihre Vollständigkeit aus. Seien Sie daher nicht verwundert, wenn ich Sie auch mit Themen konfrontiere, die Sie im Studium nicht erwarten (z. B. Neue Medien, Handyverbot). Dies dient dann dem besseren Verständnis der Bearbeitungsmethode, die sich nicht in Abhängigkeit vom Thema der Argumentation verändert.

1 Kann ich auf die Erörterung zurückgreifen?

Um das Argumentieren zu lernen, haben Sie im Schulunterricht Erörterungen geschrieben. Das dort erworbene Wissen können Sie in Ihrem Studium eins zu eins anwenden. Anders war das bei der Texterschließung, weil Sie im Studium in der Regel keine Arbeit schreiben, die sich ganz und gar dem Ziel des Textverständnisses widmet, so wie das beim Aufsatz der Fall war. Als Studentin oder Student geht es Ihnen entweder darum, einen Text zu Lernzwecken zu verstehen, oder Elemente der Texterschließung in eine umfangreichere Arbeit zu integrieren. Aus den drei Teilen des Aufsatzes haben wir daher in Teil I die für Sie auch im Studium relevanten Teile herausgefiltert und an den veränderten Erwartungshorizont angepasst. Da allerdings auch jeder argumentative wissenschaftliche Beitrag notwendig dreiteilig ist (was wir noch sehen werden) und sich auch im Übrigen methodisch nicht von dem unterscheidet, was Sie in der Schule gelernt haben – ein Argument hat feste Bestandteile, egal wo und wann es verwendet wird –, werden wir im Folgenden auf die Aufsatzgattung der Erörterung Bezug nehmen können.

Nochmals: Formal besteht zwischen der Aufsatzgattung der Erörterung und dem wissenschaftlichen Meinungsbeitrag kein Unterschied. Allein, wissenschaftliche Meinungsbeiträge, d. h. Arbeiten, die sich ganz und gar mit der Diskussion einer strittigen Frage beschäftigen, werden Sie im Studium nicht allzu häufig schreiben. Es ist zwar durchaus denkbar, dass die Erörterung eines Problems den Schwerpunkt einer Haus- oder Seminararbeit darstellt. Man kann Philosophiestudentinnen und -studenten gut mit der Darstellung der Vor- und Nachteile deontologischer und teleologischer Ansätze in der Ethik beschäftigen. Ihre Aufgabe erschöpft sich dann in der Darstellung der Positionen und dem Vorbringen der dazugehörigen Argumente. Weitaus häufiger werden Sie jedoch – wie es auch bei der Texterschließung der Fall ist – kleinere Streitfragen in eine größere Arbeit integrieren oder ganz und gar unabhängig von einer schriftlichen Arbeit Ihre eigene Meinung begründen müssen. Ich will daher, um deutlich zu machen, dass Sie Probleme auch außerhalb von aufsatzähnlichen Arbeiten diskutieren müssen, fortan nicht mehr von der „Erörterung" sprechen (weil dieser Begriff doch sehr eng mit dem Schulaufsatz verbunden wird), sondern von der „wissenschaftlichen Argumentation". Gemeint sind damit alle Situationen, in denen Sie eine eigene Meinung argumentativ entwickeln sollen: also der aufsatzähnliche **wissenschaftliche Meinungsbeitrag**, die **integrierte Argumentation** als Bestandteil einer größeren Aufgabe und schließlich die Argumentation im Rahmen eines **mündlichen Vortrags** über ein bestimmtes Streitthema.

Dazu, dass Sie im Rahmen einer umfangreicheren Arbeit argumentieren, möchte ich Ihnen noch zwei Beispiele geben: Sie müssen integriert argumentieren, wenn Sie sich begründend für eine von zwei möglichen Interpretationen entscheiden. Sehen Sie sich dazu nochmals das zweite Interpretationsbeispiel aus Teil I an, das sich mit der Aussage von Alfred de Musset beschäftigte. Dort wurde, um einer der beiden Deutungshypothesen den Vorzug zu geben, auf der Grundlage der Analyseergebnisse linear argumentiert. Sie müssen also ggf. schon im Zusammenhang mit der Texterschließung argumentieren. Aber auch dort, wo Sie zeigen wollen, dass eine Sache oder ein Sachverhalt Ihrer (bestreitbaren) Ansicht nach die Merkmale einer bestimmten Definition erfüllt, integrieren Sie Ihre Argumentation in die Aufgabenlösung.

> Juristinnen und Juristen ist dieser Vorgang als Subsumption bekannt – dazu ein Fall, bei dem man in der Tat geteilter Meinung sein kann: Nehmen wir an, eine Skilanglaufbahn wurde von Menschenhand zerstört. Ist die Skilanglaufbahn nun eine „Sache“, ihre Zerstörung folglich eine strafbare Sachbeschädigung? Unter einer Sache verstehen Juristinnen und Juristen jeden körperlichen Gegenstand. Damit lautet die entscheidende Frage: Ist die Skilanglaufbahn ein körperlicher Gegenstand? Egal, wie Sie sich entscheiden, Sie müssen Ihre Entscheidung mit Argumenten begründen. Und auch Nichtjuristen müssen das. Wieso ein bestimmtes Krankheitsbild in bestimmter Weise behandelt werden soll, muss die Medizinerin oder der Mediziner begründen, auch wenn die „Subsumption“ hier eindeutiger sein dürfte als im Fall der Skilanglaufbahn.

Wenn es aber häufig so ist, dass Sie im Studium keinen aufsatzähnlichen wissenschaftlichen Meinungsbeitrag schreiben, dann entfällt, ebenso wie bei der Texterschließung, die formale Untergliederung in drei Teile. Genauso wie dort müssen Sie aber auch hier Ihre Hauptarbeit vorbereiten und ein Ergebnis präsentieren können. Dass Sie möglicherweise keine Einleitung verfassen, sondern sofort argumentieren, bedeutet demnach nicht, dass

Sie von den Überlegungen, die Sie in der Einleitung anstellen würden, gänzlich befreit sind. Dasselbe gilt für den Schluss. Die nachstehenden Erläuterungen zur Vorbereitung der Argumentation und zur Präsentation Ihres Ergebnisses sind daher für Sie auch dann von Bedeutung, wenn Sie keinen wissenschaftlichen Meinungsbeitrag in Aufsatzform verfassen, sondern in einem anderen Zusammenhang argumentieren.

2 Die Gattungen der Argumentation

Dass wir auf das Wissen um die Aufsatzgattung der Erörterung Bezug nehmen können, zeigt sich bereits dort, wo wir zwischen verschiedenen Arten der Argumentation unterscheiden müssen. Denn die eine Form der Argumentation gibt es nicht. Bereits in der Schule haben Sie zwischen der **sachlichen** und der **literarischen** Erörterung unterschieden. Während diese Differenzierung die Thematik des Aufsatzes betraf, war mit der Unterscheidung zwischen **linearer** und **dialektischer** Erörterung die Struktur betroffen. Gleiches gilt für die wissenschaftliche Argumentation. Die Attribute „sachlich" und „literarisch" beziehen sich nicht etwa auf den geforderten Bearbeitungsstil – auch bei der literarischen Argumentation wird sachlich argumentiert! –, sondern auf den **thematischen Bereich**. Eine Argumentation ist dann literarisch, wenn sie sich inhaltlich auf eine Fragestellung bezieht, die nur anhand eines Textes zu beantworten ist.

> Stellen Sie sich etwa vor, Sie würden auf der Grundlage des Markusevangeliums der christologischen Frage nachgehen, ob und inwiefern Jesus als Mensch oder als Gott dargestellt wird. Diese Frage wäre dann allein anhand des Textes des Evangeliums zu beantworten und mithin Gegenstand einer literarischen Argumentation.

Die sachliche Argumentation bezieht sich demgegenüber auf ein Sachthema, also auf eine Fragestellung, die uns im Alltagsleben begegnet.

> Themen einer sachlichen Argumentation sind etwa die Vor- und Nachteile des „partizipativen Webs" oder die Verhängung und Vollstreckung einer Todesstrafe, die Aufnahme neuer Mitglieder eines Staaten- oder Verteidigungsbündnisses und der gesamtgesellschaftliche Umgang mit dem Erstarken rechtspolitischer Kräfte in westlichen Demokratien.

In struktureller Hinsicht kann in beiden Fällen der Argumentation ein- oder zweiseitig argumentiert werden, was letztlich insbesondere von den gefundenen Argumenten und damit von der jeweiligen Fragestellung abhängt. So ließen sich im Falle des „partizipativen Webs" vermutlich sowohl Argumente in die eine als auch in die andere Richtung finden, bei der Problematik der Todesstrafe mag dies schon schwieriger sein. Auch die Absicht der Bearbeiterin oder des Bearbeiters und ggf. sogar der Adressatenkreis können eine Rolle spielen: Wer sich für eine einseitige, lineare Argumentation entscheidet, kann zwar unliebsame Argumente verschweigen und damit den Fokus auf diejenigen Argumente legen, die die eigene Position stützen. Er muss sich aber auch den Vorwurf gefallen lassen, sich mit der Gegenposition nicht hinreichend auseinandergesetzt zu haben und daher nicht differenziert genug zu argumentieren. Im Einzelfall mag es sogar klüger sein, beide Seiten darzustellen, sich also für eine dialektische Argumentation zu entscheiden, weil man die eigene Position auch dadurch stärken kann, dass man die Argumente der Gegenposition nennt, zugleich aber darlegt, dass und aus welchen Gründen sie nicht überzeugen können.

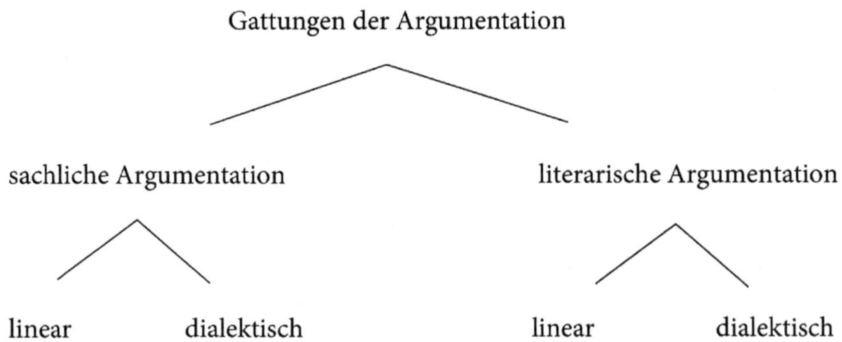

Abb. 4: Gattungen der Argumentation

Ob von Ihnen eine literarische oder eine sachliche Argumentation verlangt wird, entnehmen Sie der Aufgabenstellung, denn Sie sollen sich entweder mit einem literarischen oder einem Sachthema befassen. Dabei handelt es sich freilich auch dann noch um eine sachliche und nicht um eine literarische Argumentation, wenn Sie sich in Ihrer Arbeit auf Texte (nebst Statistiken, Tabellen und Grafiken) stützen. Denn für die Gattung kommt es allein auf das Thema und nicht auf dieses Zusatzmaterial an.

Die Frage nach der Ein- oder Zweiseitigkeit ist demgegenüber grundsätzlich noch offen. Gleichwohl sollten Sie sich stets um eine differenzierte Sichtweise bemühen, da Sie in einem wissenschaftlichen Argumentationsbeitrag gerade auch zeigen sollen, dass Sie sich vor dem Hintergrund unterschiedlicher Standpunkte begründend für eine bestimmte Position entscheiden können. Ob Sie diese sodann vorbehaltlos einnehmen oder nur bedingt als richtig erachten, bleibt Ihnen überlassen. Häufig wird es sogar von Vorteil sein, wenn Sie sich kritisch präsentieren und es ablehnen, absolute Meinungen zu vertreten, die keinerlei Ausnahmen oder Einschränkungen zulassen. Denn Sie verfassen keinen journalistischen Kommentar, der sich gerade durch seine pointierte und wenig differenzierte Sichtweise auszeichnen kann. Aber auch hier kommt es auf den Einzelfall an.

> Bleiben wir im obigen Beispiel der Skilanglaufbahn: Wenn die Jurastudentin oder der Jurastudent konkret entscheiden muss, ob auf den ihr oder ihm vorliegenden Fall eine bestimmte Norm anwendbar ist oder nicht, dann kann sie oder er sich der Entscheidung nicht durch eine Lösung mit Vorbehalt entziehen. Im konkreten Fall greift die Vorschrift oder sie greift nicht, auch wenn die Frage, ob sie greift, mit guten Argumenten bejaht oder verneint werden könnte. Studierende müssen hier, nachdem sie die unterschiedlichen Meinungen und die für sie sprechenden Argumente dialektisch dargelegt haben, zu einem eindeutigen Ergebnis kommen. Anders liegt es freilich, wenn sie sich aus rechtspolitischer Sicht mit einer Norm beschäftigen, weil sie dann durchaus vertreten können, dass die Norm nicht uneingeschränkt, sondern eben nur unter bestimmten Bedingungen anwendbar sein sollte. Denn insoweit beantworten die Studierenden eine bloß abstrakte, politische Frage und urteilen nicht in einem konkret zur Entscheidung stehenden Fall darüber, ob die Norm, so wie sie ist, tatsächlich zur Anwendung kommt.

3 Die Textbezogenheit der Argumentation

Schon der Untertitel dieses Buches „Grundlagen der Textarbeit fürs Studium“ verdeutlicht, dass die Argumentation mit der reinen Textarbeit, wie wir sie in Teil I kennengelernt haben, im Studium eng verbunden ist. Denn die Argumentation findet zumeist im Anschluss an die Texterschließung statt. Eine solche (um die vorherige Analyse und Interpretation) **erweiterte Argumentation** ist sowohl bei der sachlichen als auch bei der literarischen Argumentation denkbar. Bei der erweiterten sachlichen Argumentation erschließen Sie einen Text und reagieren sodann auf die in dem Text vertretene Ansicht der Autorin oder des Autors. Das ist typischerweise der Fall, wenn sich Wissenschaftlerinnen und Wissenschaftler mit der Aussage anderer beschäftigen oder wenn z. B. eine Juristin oder ein Jurist die Entscheidung eines Gerichts oder einer Behörde kritisch kommentiert.

Bei der (stets erweiterten) literarischen Argumentation erschließen Sie einen Text und beantworten sodann eine in dem Text auftauchende und dort nicht abschließend geklärte Frage, nehmen also nicht zu der Ansicht der Autorin oder des Autors, sondern zum Inhalt des Textes Stellung.

> Eine denkbare Aufgabenstellung wäre etwa: Untersuchen Sie, inwiefern sich behaupten lässt, dass sich der Verfasser der vorliegenden politischen Rede als Repräsentant einer Minderheit in der Bevölkerung versteht.

In den Fällen der erweiterten Argumentation tritt die Textbezogenheit deutlich zutage. Anders liegt es dort, wo Sie unabhängig von einem bestimmten Text sachlich argumentieren.

> Das ist etwa der Fall, wenn Sie sich mit den Vor- und Nachteilen einer neuen medizinischen Behandlungsmethode beschäftigen. Hier reagieren Sie (zumindest in erster Linie) weder auf eine fremde Aussage noch diskutieren Sie ein textinternes Problem. Gleichwohl ist Textmaterial nicht irrelevant. Es ist zwar nicht Bezugspunkt Ihrer Argumentation, wohl aber kommt es zur Unterstützung Ihrer Argumente in Betracht. Denn vielleicht gibt es Erfahrungsberichte mit Blick auf die zu untersu-

chende Behandlungsmethode, auf die sich die Argumentation stützen kann. Diese Berichte müssen Sie zunächst auswerten, bevor Sie sie in Ihrer Argumentation verwenden können.

4 Die Vorbereitungsarbeit (in der Einleitung)

Es wurde soeben behauptet, dass nicht nur die Erörterung, wie Sie sie aus der Schule kennen, sondern auch der wissenschaftliche Meinungsbeitrag notwendig dreigliedrig sei, also aus einer Einleitung, einem Hauptteil und einem Schluss bestehe, und dass Sie auch dann, wenn Sie bloß argumentieren, ohne einen Aufsatz zu schreiben, um den Inhalt und die Funktion dieser drei Teile wissen müssen. Sodann haben Sie gesehen, dass es verschiedene Argumentationstypen gibt, die in unterschiedlicher Weise textbezogen sind. Mit diesem Wissen können wir nun in die Vorbereitung Ihrer Argumentation einsteigen, wobei zwischen der sachlichen und der literarischen Argumentation zu differenzieren ist.

Sachliche Argumentation

Ihre sachliche Argumentation bereiten Sie in vier Gedankenschritten vor, denen Sie auch die Einleitung des wissenschaftlichen Aufsatzes widmen.

1. **Aufmerksamkeitserreger („ear-catcher")**: Es wurde schon in Teil I zur Texterschließung, aber auch in den einführenden Worten des zweiten Teils über das Argumentieren deutlich, dass das, was Sie im Studium tun, einen kommunikativen Beitrag leisten soll. Und damit die Kommunikation zustande kommt, müssen Sie Zuhörerinnen und Zuhörer sowie Leserinnen und Leser (zusammenfassend: Adressatinnen und Adressaten) finden, andere also für Ihre Arbeit interessieren. Sie benötigen einen Aufmerksamkeitserreger, den ich in Anlehnung an den aus dem optischen Bereich bekannten „eye-catcher" als „ear-catcher" bezeichnen möchte. Sie sollten sich, bevor Sie sich die Arbeit machen, ein bestimmtes Problem zu diskutieren, also fragen, ob ein wissenschaftliches Interesse an dieser Problemdiskussion besteht.
   Freilich besteht im wissenschaftlichen Bereich ein grundsätzliches Interesse daran, offene Fragen zu lösen (mögen sie auch wenig populäre Themengebiete betreffen), d. h. in der Wissenschaft folgt das Interesse an der Diskussion schon aus ihrer Notwendigkeit. Und wenn Sie in der Themenauswahl gar nicht frei sind, sondern wenn Ihnen das Thema der Argumentation vorgegeben wird, so macht sich die Aufgabenstellerin oder der Aufgabensteller bereits Gedanken darüber, ob an der Aufga-

benlösung ein wissenschaftliches Interesse besteht. Niemand wird Sie mit einer Frage beschäftigen, deren Beantwortung für die Wissenschaft uninteressant ist.

Trotzdem: Auch wenn ein grundsätzliches wissenschaftliches Interesse an offenen Fragen besteht oder Ihnen die Frage, ob ein Problem diskutiert werden sollte, bereits von der Aufgabenstellerin oder dem Aufgabensteller beantwortet wird, dürfen Sie den „ear-catcher" nicht vergessen. Schauen Sie sich die Themen der von den Universitäten angebotenen Seminare oder der aktuell erschienenen Fachaufsätze einmal an. Sie werden feststellen, dass sie sich – soweit im jeweiligen Studienfach möglich – mit gegenwärtig prominenten Fragestellungen beschäftigen und versuchen, auf diese Weise Aufmerksamkeit zu erregen. Denn in der Wissenschaft wird täglich zuhauf gestritten. In den einschlägigen Fachzeitschriften erscheinen regelmäßig etliche Aufsätze, die sich mit neuen wissenschaftlichen Ansätzen befassen. Wenn Sie hier Beachtung finden wollen, dann müssen Sie zeigen, dass es sich lohnt, sich gerade mit Ihrer Arbeit auseinanderzusetzen (denn Ihre Adressatinnen und Adressaten müssen notwendigerweise eine Auswahl treffen). Und zeigen Sie auch der Aufgabenstellerin oder dem Aufgabensteller, dass Sie verstanden haben, wieso sie oder er Sie gerade mit diesem bestimmten Thema beschäftigt. Verweisen Sie dazu auf die Aktualität des von Ihnen ausgewählten oder Ihnen gegebenen Themas, auf dessen generelle Bedeutung in der gegenwärtigen gesellschaftlichen oder wissenschaftlichen Debatte, oder zeigen Sie, inwiefern das Thema jede einzelne Adressatin oder jeden einzelnen Adressaten persönlich betrifft.

ex\

Hierfür können Sie beispielsweise auf eine Diskussion in den Medien Bezug nehmen, auf die Konsequenzen im Falle einer mit Spannung erwarteten Gerichtsentscheidung verweisen und den jüngsten archäologischen Fund oder eine neue Statistik einer prominenten Institution zu Hilfe nehmen. Auch Aussagen bekannter Personen oder interessante Ereignisse, die mit dem Thema Ihrer Argumentation im Zusammenhang stehen, sind geeignete Aufmerksamkeitserreger. Sie dürfen hier durchaus Kreativität beweisen. Gleichwohl sollten Sie nichts erzwingen. Wenn sich für Ihr Thema kein sinnvoller Aufmerksamkeitserreger finden lässt, dann beginnt Ihre Argumentation mit der Definition der Thematik.

2. **Definition der Thematik**: Nachdem das Thema Ihrer Argumentation mit dem „ear-catcher" schon angedeutet wurde, muss es nun umfassend definiert werden. Die Definition des Themas erfolgt in zwei Schritten: Erstens müssen Sie die **Grenzen** Ihres Themas abstecken, sich also überlegen, wie weit oder wie tief Ihre Untersuchung gehen soll. Dies gelingt häufig, indem man das Thema so präzise wie möglich formuliert.

> Sprechen Sie von den „Chancen und Risiken der gleichgeschlechtlichen Ehe in Italien im 21. Jahrhundert" statt bloß von der „gleichgeschlechtlichen Ehe". Denn ebenso wie die rechtlichen Möglichkeiten sind die Chancen und Risiken einer Öffnung der Ehe weltweit ungleich verteilt. So könnte sich die Politik in einem modernen, aufgeschlossenen Land bei einem derartigen Bestreben der breiten Zustimmung der Bevölkerung gewiss sein, während sie in traditionell und konservativ geprägten Gesellschaften keinen Rückhalt hätte. Wenn Sie sich aber nicht mit der weltweiten Situation, sondern lediglich mit der gegenwärtigen Lage in Italien beschäftigen wollen (weil sich diese von der Lage in den meisten anderen EU-Staaten noch immer unterscheidet), so müssen Sie Ihr Thema – für die Adressatinnen und Adressaten ersichtlich – eingrenzen. Tun Sie das nicht und berücksichtigen Sie bei Ihrer späteren Argumentation dann nicht alle denkbaren Aspekte, werden Sie dem Erwartungshorizont, den Sie sich mit der Darstellung des Themas selbst setzen, nicht gerecht.

Zweitens müssen Sie Ihr Thema **erklären**. Denn Sie werden nicht selten mit einer Thematik befasst sein, in die Sie sich zunächst einmal einarbeiten müssen, sodass Sie mit einem fachlichen Hintergrund argumentieren, über den Ihre Adressatinnen und Adressaten ggf. nicht verfügen. Definieren Sie also unbekannte oder schwierige Begriffe bereits zu Beginn, soweit sie sich auf die grundsätzliche Thematik beziehen.

> Zeigen Sie beispielsweise, was man unter der „Schuldenbremse" oder der „neuen Missbrauchsaufsicht nach § 19a GWB" versteht oder was gerade Sie im Rahmen Ihrer Argumentation mit den „Neuen Medien" meinen, wenn Sie deren Vor- und Nachteile diskutieren möchten. Falls Sie sich hier nicht mit jeder Form der digitalen Datenübermittlung (via E-Mail, USB-Stick, Bluetooth etc.) beschäftigen wollen, so

könnten Sie den Begriff im engeren Sinne auf solche Informationsübermittlungen beschränken, die über das Internet erfolgen.

Begriffe, die dagegen nur für das Verständnis einzelner Argumente von Bedeutung sind, erklären Sie am besten an der entsprechenden Stelle, also dort, wo sie erstmalig gebraucht werden. Anderenfalls würden Sie vor dem Beginn Ihrer eigentlichen Argumentation zu weit ausholen, ohne dass schon ersichtlich wäre, wieso der erklärte Begriff überhaupt bedeutsam sein wird.

3. **Begründung der Problematik**: Argumentieren kann man nur dort, wo Streit besteht. Versuchen Sie einmal, die Frage zu diskutieren, ob die Erde eine Kugel ist, und Sie werden als besonnener Mensch des 21. Jahrhunderts Ihre Bearbeitung in kürzester Zeit zu einem Ende führen. Fragen, die wissenschaftlich abschließend geklärt sind oder über deren Antwort zumindest in Ihrem Kulturkreis aus anderen Gründen allgemeine Einigkeit besteht, können Sie – jedenfalls dort – nicht sinnvoll diskutieren. Eine Argumentation ist daher auch verfehlt, wenn sich die Tatsache, dass zu einer strittigen Frage unterschiedliche Lösungsansätze vertreten werden, im Ergebnis nicht auswirkt, weil im Einzelfall alle Ansätze zu demselben Ergebnis führen (es sei denn natürlich, es geht Ihnen nicht um das Ergebnis, sondern den Lösungsweg).

ex\

Ein Arzt hat bei seinem Patienten P eine mit Sicherheit innerhalb der nächsten Wochen tödliche Krankheit diagnostiziert. Die Mitteilung einer solchen Botschaft hat nach Ansicht des Arztes regelmäßig zur Folge, dass ein Patient zusätzlich in eine psychische Krise stürzt, die seinen Gesundheitszustand verschlechtert und dem Patienten die letzten Wochen seines Lebens unnötig erschwert. Bei P geht der Arzt aber davon aus, dass dieser die Diagnose mental gut verkraften würde, weil ihm P bereits erzählt hat, dass er ein langes und erfülltes Leben hatte. Der Arzt fragt sich nun, was das ethisch richtige Handeln wäre. Ob eine Lüge unter ethischen Gesichtspunkten gerechtfertigt ist, wird von Gesinnungsethikern anders beurteilt als von Verantwortungsethikern. Erstere richten ihr Handeln in jeder denkbaren Situation an dem als moralisch richtig empfundenen Gebot aus, nicht zu lügen, während Letztere in jedem Einzelfall die Folgen einer Lüge mit denen vergleichen, die eintreten

> würden, wenn man die Wahrheit sagen würde. Gesinnungsethisch wäre die Entscheidung hier eindeutig: Der Arzt dürfte P die düstere Diagnose nicht verschweigen. Aber auch verantwortungsethisch betrachtet wäre dieses Ergebnis gut vertretbar, weil die Mitteilung der Diagnose voraussichtlich keine negativen Auswirkungen auf den Gesundheitszustand des P haben wird. In einem solchen Fall können Sie begründen, wieso der Arzt die Diagnose mitteilen sollte und die beiden ethischen Sichtweisen als Argumente dafür bringen. Es erübrigt sich aber eine argumentative Entscheidung für eine der beiden ethischen Grundansichten, weil beide Ansichten zu demselben Ergebnis kommen. Die Grundsatzfrage, ob man sein Handeln gesinnungs- oder verantwortungsethisch ausrichten sollte, kann an diesem Beispiel nicht abschließend diskutiert werden. Anders wäre dies, wenn die Lüge verantwortungsethisch gerechtfertigt wäre, etwa weil sich der Arzt doch nicht sicher ist, wie P auf die Diagnose reagieren wird. Dann müsste der Arzt nämlich (unter rein gesinnungs- bzw. verantwortungsethischen Gesichtspunkten) begründen, wieso er dem P die Diagnose verschweigt oder umgekehrt wieso er ihm trotz der möglichen negativen Auswirkungen die Wahrheit sagt.

Stellen Sie sich daher zu Beginn Ihrer Arbeit die Frage, ob sich Ihre Argumentation mit einem Thema beschäftigen wird, zu dem man unterschiedliche Auffassungen vertreten kann – auch wenn Sie später linear erörtern werden. Wenn Ihnen das Thema vorgegeben wird, wird sich Ihre Aufgabenstellerin oder Ihr Aufgabensteller diese Frage bereits gestellt haben. Sie müssen dann in Ihrer Arbeit nur noch klarstellen, dass das Thema tatsächlich der Diskussion bedarf. Hierfür genügt es in der Regel schon, auf die widerstreitenden Interessen zu verweisen, die an der Beantwortung der Streitfrage bestehen. Denn schon dadurch wird hinreichend klar, dass unterschiedliche Ansichten bestehen. Keinesfalls aber sollten Sie, um die Streitbarkeit Ihres Themas zu zeigen, bereits spätere Argumente vorwegnehmen.

Auch dürfen Sie die Frage nach der bestehenden Problematik nicht mit der nach einem geeigneten „ear-catcher“ verwechseln.

> Unter Juristinnen und Juristen ist streitig, ob der Begriff der „gemeinschaftlichen Körperverletzung“ erfordert, dass die beiden Tat-

beteiligten Mittäter sind. Auswirkungen hat dieser Streit, wenn einer der beiden Beteiligten nicht Täter, sondern bloß Anstifter oder Gehilfe der Tat ist. Die Frage bedarf in einem solchen Fall also der Diskussion. Selbstverständlich besteht auch ein grundsätzliches wissenschaftliches Interesse daran, die strittige Frage zu klären. Einen „ear-catcher" haben Sie aber erst, wenn Sie zum Beispiel eine aktuelle Gerichtsentscheidung zitieren, die sich mit dieser Frage beschäftigt und die den Streit weiter schürt. In der Praxis könnten Sie einen wissenschaftlichen Beitrag zu diesem Thema dann als Urteilsanmerkung formulieren.

4. **Ziel und Methode der Bearbeitung**: Ebenso wie im Vorfeld der Texterschließung (und jeder anderen wissenschaftlichen Arbeit) müssen Sie sich auch in Vorbereitung auf Ihre Argumentation mit dem Ziel und der Methode Ihrer Arbeit beschäftigen. Ziel der Argumentation ist es, auf der Grundlage einer hinreichenden Beschäftigung mit der Streitfrage zu einer überzeugenden, zumindest aber zu einer für die Adressatinnen und Adressaten nachvollziehbaren eigenen Meinung zu gelangen. Um dieses Ziel zu erreichen, müssen Sie Argumente **vortragen**, ihrer Bedeutung gemäß **gewichten**, **anordnen** und schließlich **abwägen**. Die Argumente finden Sie im Falle der literarischen Argumentation im Text. Bei der sachlichen Argumentation ist die Quelle, der Ihre Argumente entspringen, nicht dergestalt vorgegeben. Je nachdem, ob Sie Argumente für jede der beiden Seiten finden oder nicht, wird Ihre Bearbeitung dialektisch oder linear. Die Etappen der Argumentation werden wir noch im Detail behandeln. Sie sollten sich aber schon zu Beginn Ihrer Arbeit Gedanken über den Argumentationstyp machen und diesen ankündigen, um die Adressatinnen und Adressaten auf die Struktur Ihrer Argumentation vorzubereiten.

Übungsaufgabe
Nehmen Sie an, Sie hätten einen wissenschaftlichen Meinungsbeitrag zum Thema „Die Schuldenbremse – Fluch oder Segen?" kurz nach deren Einführung 2009 verfassen oder über dieses Thema vor Ihren Kommilitoninnen und Kommilitonen referieren sollen, also ohne zu wissen, welchen Effekt die Schuldenbremse tatsächlich haben würde.

Wie hätten Sie Ihren Text bzw. Ihren mündlichen Vortrag einleiten können?

Lösungsvorschlag

1. Aufmerksamkeitserreger
   Die Staatsverschuldung Deutschlands beträgt derzeit mehr als 2,2 Billionen Euro. Dies entspricht über 70 Prozent des Bruttoinlandsprodukts – oder anders ausgedrückt: Auf die einzelne Deutsche oder den einzelnen Deutschen übertragen beträgt die Verschuldung knapp 27.000 Euro pro Kopf.
2. Definition der Thematik
   Eigentlich hatte man sich im Jahre 1992 in Maastricht auf die sog. Konvergenzkriterien geeinigt, wonach der Schuldenstand in den EU-Staaten 60 Prozent des Bruttoinlandsprodukts im Regelfall nicht überschreiten darf. Dass auch Deutschland dieses Ziel nicht eingehalten hat, kann man mit Blick auf die Haushaltsstabilität schon kritisch sehen. Dass aber die Staatsverschuldung gegenwärtig in jeder Sekunde um mehr als das durchschnittliche Nettomonatseinkommen der Deutschen weiter steigt, hat den Gesetzgeber im Jahre 2009 zur Einführung der sog. Schuldenbremse veranlasst. Es handelt sich dabei im Wesentlichen um ein in Art. 109 Abs. 3 des Grundgesetzes verankertes Kreditaufnahmeverbot für den Bund und die Länder. Ziel ist es demnach, den staatlichen Haushalt grundsätzlich ohne Neuverschuldung auszugleichen.
3. Begründung der Problematik
   Trotz dieser hehren Absicht wurde die Schuldenbremse schon im Vorfeld ihrer Einführung kontrovers diskutiert. Die Länder Berlin, Mecklenburg-Vorpommern und Schleswig-Holstein haben im Bundesrat letztlich gegen die Gesetzesänderung gestimmt und auch namhafte Wirtschaftswissenschaftlerinnen und -wissenschaftler haben ihre Bedenken angemeldet – Grund genug, um die Einzelheiten und die möglichen Auswirkungen der Regelung näher zu untersuchen.
4. Ziel und Methode der Bearbeitung
   Die aus wirtschaftlicher Sicht für und gegen die Schuldenbremse sprechenden Argumente sollen nun dargestellt, gewichtet und abgewogen werden.

Literarische Argumentation

Die literarische Argumentation knüpft – anders als die sachliche Argumentation – stets an die Erschließung eines Textes an. Es überrascht daher nicht, dass Sie sich im Rahmen der Vorbereitung auf die literarische Argumentation mit Gedankenschritten beschäftigen, die Sie bereits von der Vorbereitung auf die Texterschließung kennen. Insgesamt können Sie Ihre Vorbereitungsarbeit, deren Ergebnisse Sie beim wissenschaftlichen Meinungsbeitrag als Einleitung präsentieren, in fünf Teile untergliedern:

1. **Informationen über den Text**: Da Sie sich auf ein literarisches Werk beziehen, müssen Sie – ebenso wie bei der Texterschließung – die allgemeinen Informationen über den Text zusammentragen. Wir haben bei der Erschließung gesehen, dass dieses Vorgehen erstens die Wissenschaftlichkeit Ihrer Arbeit sichert und zweitens dafür sorgt, dass Sie bei der Analyse und Interpretation keinen relevanten Gesichtspunkt übersehen. Auch für die Diskussion einer konkreten textbezogenen Streitfrage müssen Sie den Text, auf den sich Ihre Arbeit bezieht, verstanden haben. Anderenfalls können Sie nur noch methodisch, aber nicht mehr inhaltlich korrekt arbeiten.
2. **Allgemeiner Inhalt des Textes**: Auch bei der literarischen Argumentation unterscheiden Sie zwischen dem allgemeinen Thema und der vordergründigen Erzählung des Textes und kombinieren demnach eine vorweggenommene Kurzinterpretation des Werkes mit einer äußerst groben, dafür aber abschließenden Zusammenfassung seines Inhalts. Bei der Texterschließung soll Ihnen dieses Vorgehen einen roten Faden geben, an dem Sie sich während Ihrer gesamten weiteren Arbeit orientieren können. Da es bei der Argumentation aber schwerpunktmäßig nicht um die Texterschließung geht, kommt der Festlegung von Thema und „Story" hier noch eine weitere Funktion zu: Sie ist ein abgeschwächter Aufmerksamkeitserreger.
   Weil die Thematik der literarischen Argumentation von dem Inhalt des literarischen Werkes abhängig ist, kann man schlechterdings nicht für die Argumentation begeistern, ohne zugleich das Interesse für das literarische Werk an sich zu wecken. Und dies gelingt regelmäßig nur dadurch, dass man das Thema und die „Story" des Werkes präsentiert. Anders liegt es bloß, wenn die Thematik der Argumentation und der Inhalt des Werkes aktuell von großem Interesse sind, etwa weil sich die Autorin oder der Autor darin mit brisanten gesellschaftlichen und

politischen Fragen auseinandersetzt. In diesem Fall lässt sich möglicherweise ein stärkerer „ear-catcher“ außerhalb des zu bearbeitenden Textes finden.

3. **Definition der Thematik**: Auf die Beschäftigung mit dem Inhalt des Textes folgen die spezifischen Bestandteile der Vorbereitung auf die Argumentation, beginnend mit der Definition der Thematik. Wie schon aus den Erläuterungen zum Inhalt ersichtlich wurde, ist zwischen dem Thema des in Bezug genommenen Werkes und der Thematik der Argumentation zu unterscheiden.

> Fontanes *Effi Briest*, die Sie vielleicht aus dem Deutschunterricht kennen, liefert uns das Beispiel dazu: Denn während man den Konflikt zwischen Individuum und Gesellschaft als Thema des Romans festlegen könnte, könnte man sich bei der Argumentation mit der spezifischen Frage beschäftigen, wer für den Tod der Protagonistin inwieweit verantwortlich gemacht werden kann. Das wäre dann das Thema der Argumentation.

Auch beim literarischen Argumentieren müssen Sie das Thema eingrenzen und erklären. Freilich ist dies bei der sachlichen Argumentation in größerem Maß erforderlich, weil der Auswahl des Themas dort prinzipiell keine Grenzen gesetzt sind, im Falle der literarischen Argumentation aber sowohl die möglichen Themen als auch der Umfang der Bearbeitung (d. h. die Anzahl möglicher Argumente) durch den Inhalt des Werkes begrenzt sind.

> Im obigen Beispiel könnte man die Untersuchung etwa von vornherein auf Personen beschränken, die mit Effi Briest verwandt sind. Auch müsste man zunächst den Begriff der Verantwortlichkeit klären, also festlegen, unter welchen Bedingungen man eine dieser Personen als verantwortlich ansehen würde. In Betracht käme neben einer rein juristischen Aufarbeitung, die zwischen Kausalität, Zurechenbarkeit, Rechtswidrigkeit und Schuld unterscheiden würde, eine Beurteilung der Verantwortlichkeit nach (anderen) ethisch-moralischen Kategorien, die man an dieser Stelle näher darlegen müsste. Möglicherweise gelangen Sie dann unter Zugrundelegung einer strengen gesinnungsethischen Perspektive zu einem anderen Ergebnis als bei einem Urteil nach verantwortungsethischen Grundsätzen.

> Wie auch immer Sie sich entscheiden, Sie müssen es Ihren Adressatinnen und Adressaten mitteilen.

4. **Begründung der Problematik**: Auch die literarische Argumentation kann sich nur auf ein strittiges Thema beziehen. Sie sind also wiederum dazu angehalten, dessen Diskussionsbedürftigkeit zu prüfen. Anders als bei der sachlichen Argumentation können Sie zwar nicht auf die unterschiedlichen Standpunkte und Interessen bestimmter Gruppierungen verweisen. Denn wo es darum geht, eine in einem literarischen Werk aufkommende Frage mithilfe des literarischen Werkes selbst zu lösen, existieren solche widerstreitenden Interessen regelmäßig nicht. Sie können aber durchaus darlegen, dass die Autorin oder der Autor eine Frage aufwirft, die sie oder er im Verlauf der Erzählung offen lässt oder zumindest nicht eindeutig oder abschließend klärt.

> So beantwortet Fontane die Frage nach der Schuld an Effis Tod nicht (explizit). Vielmehr kommen mehrere Figuren in Betracht, die in unterschiedlicher Weise auf den Lebenslauf der Protagonistin Einfluss genommen haben und daher für ihren Tod mitursächlich oder sogar mitverantwortlich geworden sein können.

5. **Ziel und Methode der Bearbeitung**: Hinsichtlich des Ziels und der Methode unterscheidet sich die literarische Argumentation nicht von der sachlichen: Sie müssen Argumente darlegen, gewichten, anordnen und abwägen, um die eigene Meinung zu begründen.

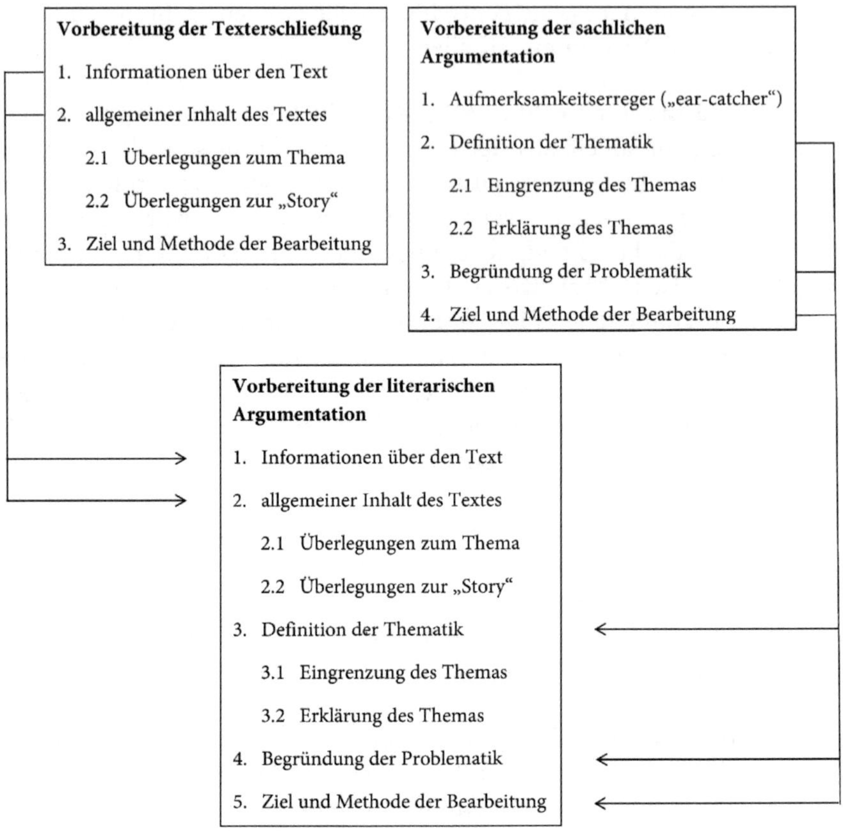

Abb. 5: Übersicht zur Vorbereitung der Argumentation

5 Die einzelnen Schritte der Argumentation

Die Texterschließung lässt sich formal in zwei Abschnitte gliedern – Analyse und Interpretation –, die Sie, wenn Sie der zu Beginn von Teil I gewählten Definition folgen, voneinander trennen können, weil die Analyse der Interpretation vorangeht. Bei der Argumentation ist dies anders. Zwar müssen Sie auch hier mehrere Schritte gehen, die jeweils aufeinander aufbauen. Sie können den ersten Satz Ihrer Argumentation aber erst dann formulieren, wenn Sie **alle Schritte** gegangen sind. Was ich Ihnen im Folgenden präsentiere, sind also die Schritte, die Sie gehen müssen, bevor Sie Ihre Argumente vortragen. Wenn Sie hier sorgfältig arbeiten, reduziert sich der Arbeitsaufwand bei der Ausformulierung der Argumentation auf das Bemühen um einen sprachlich korrekten Ton.

Bevor wir Argumente sammeln, gewichten, anordnen und schließlich abwägen können, müssen wir allerdings noch klären, was man unter einem Argument versteht.

ex\

> Wenn es etwa um die Chancen und Risiken der „Neuen Medien" (im Sinne der Informations- und Nachrichtenübermittlung via Internet) geht, so mag einem gleich einfallen, dass es die sozialen Netzwerke inzwischen ermöglichen, Bildmaterial im Sekundentakt zu verschicken, während man Fotos früher zuerst entwickeln und dann auf dem Postweg übermitteln musste. Gleichzeitig wird man an die Gefahr des Cybermobbings denken, die mit der im Internet vorhandenen Anonymität zusammenhängt. Allein, keiner dieser beiden Aspekte enthält ein vollständiges Argument.

Argumente in der sachlichen Argumentation

Ein vollständiges Argument besteht aus drei Teilen. Es beginnt mit einer **These**, also der bloßen Behauptung, dass etwas so oder nicht so ist.

Da Sie mit Ihrem Argument eine bestimmte Position stützen oder angreifen wollen, können Sie diese Behauptung nicht frei im Raum stehen lassen, sondern müssen sie begründen. Dafür stehen Ihnen verschiedene Arten des **Beweises** zur Verfügung. Bevor Sie sich mit ihnen im Einzelnen auseinandersetzen, erinnern Sie sich daran, dass man ausschließlich die

Existenz oder Nichtexistenz von Tatsachen beweisen kann. Sofern es um Meinungen geht, können zwar die mit der Meinung in Bezug genommenen Tatsachen – der Tatsachenkern – sowie das Ereignis der Meinungsäußerung, nicht aber die Meinung selbst überprüft werden.

ex\

> Dass ein Buch gut ist, können Sie nicht beweisen, Sie können bloß Ihre subjektive Meinung darlegen, die auch nicht dadurch objektiv wird, dass sie von anderen geteilt wird.

Merken Sie sich also erstens, dass Sie nur Tatsachen, nicht aber Meinungen beweisen können, sodass es sinnlos wäre, eine Meinung als Argument vorzutragen. Zweitens sollten Sie wissen, dass sich die Beweistatsache auf verschiedene Arten begründen lässt, wobei man hier zwischen **direkten Beweisen** (Beweis der Beweistatsache selbst) und **indirekten Beweisen** (Beweis einer anderen Tatsache, von der aus Rückschlüsse auf die Beweistatsache gezogen werden können) unterscheiden kann:

Zur ersten Gruppe gehört der **wissenschaftliche Beweis**, bei dem die behauptete Tatsache als wissenschaftlich erwiesen gilt. Kennzeichnend ist sein Charakter als „Zahlen-Daten-Fakten-Beweis", denn er fußt zumeist auf Statistiken oder sonstigen Datenerhebungen und liefert genaue Zahlen.

ex\

> Beispielhaft wäre etwa die Geburtenrate in Deutschland, das Bruttojahreseinkommen pro Kopf oder die Anzahl der im vergangenen Jahr polizeilich bekannt gewordenen Diebstähle.

Daneben existiert der **Evidenzbeweis**, bei dem allerdings die Beweisführung streng genommen unterbleibt. Denn er bezieht sich auf eine Tatsache, die so offenkundig ist, dass sie gar nicht (mehr) bewiesen werden muss.

ex\

> Wenn Sie etwa behaupten, dass Berlin die Hauptstadt der Bundesrepublik Deutschland sei, so müssen Sie diese allgemeinkundige Tatsache nicht begründen, denn niemand stellt sie (ernsthaft) in Frage. Auch eine Richterin oder ein Richter erhebt keinen Beweis über derart offenkundige oder über zumindest gerichtskundige Tatsachen.

Die schwächste Form des direkten Beweises ist der **Autoritätsbeweis**. Hier nehmen Sie auf die Aussage einer Person oder Stelle Bezug, bei der man der

Ansicht ist, dass sie die nötige Fachkunde besitzt, um eine solche Aussage tätigen zu können.

> Wenn beispielsweise die Behördenleiterin einer Staatsanwaltschaft behauptet, dass die meisten von dieser Staatsanwaltschaft eingeleiteten Ermittlungsverfahren nicht zu einer Anklage führen, so kann diese Tatsache als erwiesen gelten, ohne dass diesbezügliche Nachforschungen angestellt werden müssten.

Innerhalb der indirekten Beweise schließen Sie von feststehenden Tatsachen auf die (noch) nicht erwiesene Beweistatsache, sodass Sie im Ergebnis selbstverständlich auch hier keine Meinungen beweisen und der Begriff des indirekten Beweises lediglich darauf hindeuten soll, dass die ursprüngliche Beweistatsache nicht unmittelbar in Bezug genommen wird.

> Wenn die Erde nass ist und nicht bekannt ist, dass sie jemand zuvor bewässert hat, so können Sie mit hoher Wahrscheinlichkeit davon ausgehen, dass es geregnet hat. Auf die Beweistatsache („Es hat geregnet.") wird also dadurch geschlossen, dass zwei andere erwiesene Tatsachen („Die Erde ist nass." und „Die Erde wurde nicht von Menschenhand bewässert.") sinnvoll mit ihr verknüpft werden – es handelt sich hier um einen sog. **Indizienbeweis**.

Es kann nun aber auch so liegen, dass die anderen Tatsachen auf die Beweistatsache nicht nur hindeuten, also nicht bloß die Wahrscheinlichkeit der Beweistatsache erhöhen. Vielmehr kann von einer Tatsache auf eine andere auch logisch zwingend geschlossen werden.

> Ein Beispiel: Wenn feststeht, dass eine Mutter ihrem Sohn auf Grund der Gefahren des Alkohols nicht erlaubt, Bier zu trinken, dann erlaubt sie ihm erst recht nicht, hochprozentigere Getränke zu konsumieren.

Daher wäre es ungenau, alle möglichen Rückschlüsse auf die Beweistatsache generell als Indizienbeweise zu bezeichnen. Denn daneben existieren **logische Schlüsse**, im Beispiel der Erst-recht-Schluss.

Beweisarten

(bei der sachlichen Argumentation)

direkter Beweis	**indirekter Beweis**
(unmittelbarer Bezug zur Beweistatsache)	(mittelbarer Bezug zur Beweistatsache)
1. wissenschaftlicher Beweis	1. plausibler Indizienbeweis
2. Evidenzbeweis	2. logischer Schluss
3. Autoritätsbeweis	

Abb. 6: Arten des Beweises

Damit Ihr Argument vollends überzeugt, müssen Sie die behauptete Tatsache nicht nur begründen, sondern auch nachvollziehbar darstellen. Was Ihnen noch fehlt, ist also ein (Alltags-)**Beispiel**. Es handelt sich dabei regelmäßig um eine persönliche Erfahrung, die im besten Falle nicht nur Sie gemacht haben, sondern mit einiger Wahrscheinlichkeit auch Ihre Adressatinnen und Adressaten.

> Wenn Sie also behaupten, dass die „Neuen Medien" die Kommunikation vereinfachen, so wäre ein geeignetes Beispiel dafür die Möglichkeit, Bilder via Internet mühelos im Sekundentakt zu versenden.

Wir können also folgende Definition aufstellen:

> Ein vollständiges Argument besteht aus einer Tatsachenbehauptung (These), einem (direkten oder indirekten) Beweis, wobei unterschiedliche Beweisarten existieren, und einem veranschaulichenden Beispiel.

Argumente in der literarischen Argumentation

Hat man das sachliche Argumentationsschema verstanden, fällt einem das richtige Argumentieren bei der literarischen Argumentation nicht schwer, solange man einige Besonderheiten beachtet. Freilich besteht ein vollständiges Argument auch bei der literarischen Argumentation aus einer These, einem Beweis und einem Beispiel. Der Unterschied liegt nun aber erstens dort, wo die Anzahl der möglichen Beweise erheblich reduziert ist. Denn in Bezug auf eine in einem literarischen Werk aufkommende Frage werden keine Daten erhoben, die als wissenschaftlicher Beweis Eingang in Ihre Argumentation finden könnten. Ebenso ist eine Behauptung in Bezug auf einen Text zumeist nicht evident und auch der bloße Hinweis auf eine Autorität – etwa auf einen Universitätsprofessor, der einen bestimmten Standpunkt vertritt – kann als Beweis für die Richtigkeit einer Behauptung nicht genügen. Sie müssen bei der literarischen Argumentation im Ergebnis mithilfe des Textes argumentieren und alle aufgestellten Behauptungen mit Textstellen belegen. Man könnte daher vom **Textstellenbeweis** sprechen.

Der zweite Unterschied liegt dort, wo Sie häufig zwischen Beweis und Beispiel nicht sauber trennen können.

> Sind Sie etwa der Meinung, dass Josef K. in Kafkas *Der Prozess* für seinen Tod nicht zuletzt auch selbst verantwortlich ist, so könnte man als Argument dafür anführen, dass er sich – obwohl ihm dies mehrfach möglich gewesen wäre – aus den Händen seiner Mörder nicht befreit hat, sondern jede Chance auf Rettung verstreichen ließ. Wenn Sie nun die entsprechenden Textstellen zitieren, belegen Sie nicht nur die Tatsache, dass Josef K. an seiner Rettung nicht interessiert war, sondern nennen gleichzeitig konkrete Beispiele für das entsprechend selbstgefährdende Verhalten des Protagonisten.

Argumentationsschema der sachlichen Argumentation	**Argumentationsschema der literarischen Argumentation**
1. These (Tatsachenbehauptung) 2. Beweis a. direkter Beweis – wissenschaftlicher Beweis – Evidenzbeweis – Autoritätsbeweis b. indirekter Beweis – Indizienbeweis – logischer Schluss 3. Beispiel	1. These (Tatsachenbehauptung) 2. Textstellenbeweis (und Beispiel)

Tab. 5: Argumentationsschema

5.1 Schritt 1: Die Sammlung der Argumente

Der erste Schritt Ihrer Argumentation besteht in der Sammlung der Argumente, wobei Sie schon hier auf die **Vollständigkeit** des Argumentationsschemas achten sollten. Auch sollten Sie sich schon jetzt um eine nachvollziehbare Struktur bemühen. Zwar befassen Sie sich mit Fragen des Aufbaus streng genommen erst im dritten Schritt. Strukturelle Vorfragen können und müssen Sie aber bereits hier beantworten. Entscheidend ist insoweit, dass Sie die in thematischer Sicht **verwandten Aspekte** Ihrer Argumentation nicht künstlich in verschiedene Argumente aufspalten.

ex\

> Argumentieren Sie etwa für ein Handyverbot an Schulen, indem Sie auf die gesundheitlichen Nachteile eines zu hohen „Handykonsums“ verweisen, so gehören alle möglichen (und erwiesenen) Nachteile zu ein und demselben Argument. Sie sollten also nicht zunächst auf muskuläre Probleme im Bereich des Nackens und – im Rahmen eines weiteren Arguments – auf die Gefahr der Kurzsichtigkeit verweisen. Vielmehr sind beide Gesichtspunkte als Beispiele für die allgemeine Behauptung gesundheitlicher Risiken zu nennen, die Sie sodann nur noch (medizinwissenschaftlich) begründen müssen.

Sie können sich also merken: Jedes Argument hat sein ganz eigenes Thema.

Schließlich müssen Sie darauf achten, die **Thematik der Argumentation** nicht zu verfehlen. So einleuchtend es klingen mag, dass Sie nur solche Argumente darstellen, die sich auf das Thema Ihrer Argumentation beziehen: Im Einzelfall können hier durchaus eklatante Fehler begangen werden.

ex\

> Nehmen wir an, Sie diskutieren die Frage, inwiefern es für Menschen der modernen Industriegesellschaften noch möglich ist, sich dem Einfluss der „digitalen Welt“ im Alltagsleben zu entziehen. Wenn Sie hier die Behauptung aufstellen (und belegen), dass die „Neuen Medien“ die soziale Kommunikation in vielfacher Hinsicht vereinfachen, dann argumentieren Sie schlichtweg am Thema vorbei. Denn es geht hier gerade nicht um die Vor- und Nachteile der digitalisierten Gesellschaft, sondern um die Möglichkeit, sich dieser zu entziehen. Sie müssten sich also beispielsweise die Frage stellen, was passiert, wenn eine Studentin oder ein Student eine Hausarbeit nicht – wie im Bearbeiter-

vermerk vorgegeben – maschinenschriftlich in der Schriftart Times New Roman, der Schriftgröße 12 und einem Zeilenabstand von 1,5 verfasst und dann via E-Mail an den Lehrstuhl verschickt, sondern als handschriftliche Arbeit per Post versendet. Thematisch passend wäre auch die Untersuchung, ob die Mitarbeiterin oder der Mitarbeiter einer großen Versicherungsgesellschaft Vertragsdetails eines Kunden einsehen könnte, ohne auf die digitale Datenbank des Unternehmens zuzugreifen. Sie müssten sich also allgemein damit beschäftigen, ob wir unser Privat- und Berufsleben überhaupt noch ohne einen Rückgriff auf die Möglichkeiten planen können, die uns die Digitalisierung bietet. Dass uns diese Möglichkeiten den Alltag erleichtern, mag hier als Erklärung dafür dienen, dass wir uns von den digitalen Diensten weitgehend abhängig gemacht haben. Es ist jedoch kein Argument dafür, dass wir tatsächlich davon abhängig sind – genau hierauf bezieht sich aber die zu diskutierende Frage.

Dass Sie das Thema im Rahmen der Vorbereitung Ihrer Argumentation so präzise wie möglich darstellen sollten, hilft Ihnen nun dabei, den roten Faden nicht zu verlieren. Am Ende des ersten Schritts können Sie darüber entscheiden, ob Sie linear oder dialektisch argumentieren werden, denn dies hängt selbstverständlich davon ab, ob sie nur bejahende oder nur verneinende oder aber Argumente für beide Seiten finden.

5.2 Schritt 2: Die Gewichtung der Argumente

Der zweite Schritt besteht darin, die gefundenen Argumente zu gewichten. Denn Sie werden Ihre Argumente schließlich in Abhängigkeit von ihrem Gewicht auf eine bestimmte Art und Weise anordnen, sodass Sie hier schon den nächsten Schritt Ihrer Arbeit vorbereiten.

Mit dem Gewicht eines Arguments ist dessen Bedeutung für die Entscheidung der Streitfrage gemeint. Selbstverständlich gibt es hierfür keinen genauen Maßstab, den Sie hinzuziehen könnten. Sie haben keine Skala von 1 bis 10, die Ihnen vorgibt, wie ein Argument beschaffen sein muss, um im oberen oder unteren Bereich der Skala zu liegen. Aus diesem Grund können Sie das Gewicht eines Arguments nicht isoliert, sondern nur in Abhängigkeit von den anderen Argumenten betrachten. Dafür müssen Sie selbstverständlich zunächst die bejahenden von den verneinenden Argumenten trennen, denn nur so können Sie entscheiden, wie stark **innerhalb der jeweiligen Gruppe** das einzelne Argument für bzw. gegen einen bestimmten Lösungsvorschlag spricht. Verteilen Sie anschließend Punktewerte für Ihre Pro- und für Ihre Contra-Argumente (beispielsweise die 5 für das stärkste Ihrer fünf Argumente und die 2 für das zweitschwächste Argument).

Die Entscheidung, in welchem Gewichtsverhältnis die mehreren Argumente zueinander stehen, kann sich im Einzelfall als schwierig erweisen. Denn die hier zu entscheidende Frage hängt vor allem von subjektiven Kriterien ab, von den persönlichen Erfahrungen und Wertvorstellungen der Bearbeiterin oder des Bearbeiters. Daher gibt es grundsätzlich keine richtige und keine falsche Lösung. Es genügt vielmehr, dass Ihre Gewichtung für einen anderen nachvollziehbar erscheint. Dies gelingt Ihnen, wenn Sie sich an den allgemeinen **Werten der Gesellschaft** orientieren. So wird gemeinhin die Gefahr einer Gesundheitsbeeinträchtigung gegenüber einer drohenden finanziellen Einbuße als das größere Übel empfunden. Besonders hoch geschätzte Güter sind neben der Gesundheit auch die Freiheit (der Person, der Meinung, der Presse, der Kunst und Wissenschaft), die Gleichheit aller Menschen, die Bildung, die Rechtsstaatlichkeit sowie der Umwelt- und Tierschutz. Sie überwiegen regelmäßig rein ökonomisch-erwerbswirtschaftliche Interessen. Selbstverständlich kommt es aber auch auf den Sinn und Zweck Ihrer Arbeit an. Sind für Sie bestimmte Werte von vornherein gewichtiger als andere, sollten Sie auf diese und nicht auf die allgemeinen Wertvorstellungen zurückgreifen.

ex\

> Argumentieren Sie aus der Sicht einer Unternehmensberatung für die Gründung eines weiteren Standorts des mit Gewinnerzielungsabsicht betriebenen Unternehmens, dann stehen finanzielle Interessen für Sie (wohl) im Vordergrund. Sollte die Expansion weitere positive Effekte dergestalt haben, dass an dem neuen Standort die Produktion umweltfreundlicher erfolgen könnte und dass vor Ort notwendige Arbeitsplätze geschaffen würden, dann sind auch dies mit Sicherheit wichtige (aber möglicherweise nicht die wichtigsten) Faktoren. Ein etwaiges ideelles Interesse des Unternehmensgründers, mit dem Unternehmen auf allen Kontinenten vertreten zu sein, stünde bei rein rationaler Betrachtung der Vor- und Nachteile aber wohl im Hintergrund.

Schließlich müssen Sie auch den **Umfang des jeweiligen Vor- oder Nachteils** berücksichtigen. Wenn etwa die Entscheidung für eine bestimmte

Streitfrage zwar ggf. auch das Bildungsniveau anheben könnte, der Vorteil für die Umwelt aber ganz klar im Vordergrund stünde, so wäre das umweltbezogene Argument mit Sicherheit das bedeutendere. Der Umfang des jeweiligen Vor- und Nachteils kann davon abhängen, welche und wie viele Beispiele Sie für Ihre These finden.

> Zwar ist die (begründete) Behauptung, dass ein zu hoher „Handykonsum“ das Risiko gesundheitlicher Nachteile erhöht, schon deshalb von großer Bedeutung, weil sie die Gesundheit als eines der wichtigsten Güter des Menschen in Bezug nimmt. Ob dieses Argument stark ins Gewicht fällt, hängt aber auch davon ab, mit welcher Wahrscheinlichkeit, also wie häufig diese Nachteile auftreten. Auch wird man in Erwägung ziehen müssen, wie viele verschiedene Schäden denkbar sind und wie gravierend sie sind.

Auf die Art und die Anzahl der gefundenen Beweise kommt es dagegen nicht an. Denn wenn eine Tatsache bewiesen ist, wird sie nicht dadurch bedeutsamer, dass sie auf verschiedenen Wegen nachweisbar war.

> Solange Sie Ihre Behauptung (mit den bekannten Beweisarten) hinreichend begründen, ist es für das Gewicht Ihres Arguments irrelevant, dass Sie statt einen gleich zwei oder drei Medizinerinnen oder Mediziner zitieren können, die auf gesundheitliche Risiken hinweisen, oder dass Sie statt eines Autoritätsbeweises gar einen wissenschaftlichen Beweis anbieten. Dies gilt allerdings nur, wenn die Tatsache tatsächlich bewiesen (und damit nicht mehr umstritten) ist. Ist dies nicht der Fall, macht es natürlich einen Unterschied, ob Sie für eine bestimmte Sichtweise nur einen oder gleich mehrere Wissenschaftlerinnen und Wissenschaftler benennen, die eine bestimmte Ansicht vertreten. So läge es etwa beim (teils noch immer geleugneten) Einfluss des Menschen auf den Klimawandel.

5.3 Schritt 3: Die Anordnung der Argumente

Mit dem dritten Schritt beginnt die **strategische Arbeit**. Denn das Ziel Ihrer Argumentation ist es nicht nur, eine streitige Frage zu diskutieren, sondern Ihre Adressatinnen und Adressaten von Ihrem eigenen Lösungsvorschlag auch zu **überzeugen**. Sie sollten sich also damit beschäftigen, wie Sie Ihre Argumente anordnen müssen, um die größtmögliche Zustimmung zu erfahren. Unterscheiden Sie dabei den linearen vom dialektischen Aufbau.

Lineare Argumentation

Im Falle einer linearen Argumentation haben Sie entweder nur Pro- oder nur Contra-Argumente, die Sie zuvor gewichtet haben. Angenommen, Ihre Adressatinnen und Adressaten müssten sich, sobald Sie Ihre Argumentation gelesen oder gehört haben, entscheiden, ob sie Ihnen zustimmen oder nicht, so kann es empfehlenswert sein, mit dem schwächsten Argument zu beginnen und Ihre Ausführungen mit dem stärksten Argument zu beenden. Denn das schwächste Argument ist ein solches, das verglichen mit den anderen Argumenten am wenigsten überzeugt. Dieses gleich zu Beginn Ihrer Arbeit zu nennen, kann den Fokus auf die späteren stärkeren Argumente legen. Was am Anfang steht, haben die Adressatinnen und Adressaten möglicherweise gar nicht mehr vollständig in Erinnerung, wenn sie sich nach der Darlegung all Ihrer Argumente entscheiden sollen, ob sie Ihnen zustimmen oder nicht. Am stärksten im Gedächtnis bleibt Ihr stärkstes letztes Argument, sodass Ihre Adressatinnen und Adressaten die Entscheidung in der für Sie „richtigen" Stimmung treffen.

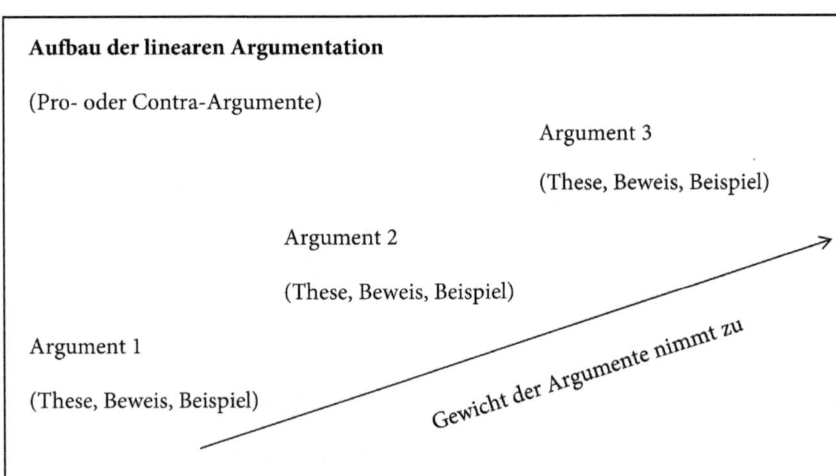

Abb. 7: Aufbau der linearen Argumentation

Selbstverständlich kann es auch etwas für sich haben, mit dem stärksten Argument zu beginnen. Gerade dann, wenn Sie eine Vielzahl von Argumenten vortragen, kann es sich lohnen, das stärkste Argument zu einem Zeitpunkt zu bringen, zu dem die Aufmerksamkeit Ihrer Adressatinnen und Adressaten wahrscheinlich am größten ist, also zu Beginn Ihrer Ausführungen. Bestenfalls haben Sie dann schon mit dem ersten Argument (oder den ersten Argumenten) für Ihren Standpunkt überzeugt, sodass es unschädlich ist, dass die darauffolgenden Argumente nicht mehr ganz so stark sind. Sie sehen: Es gibt hier keine für alle Fälle gültige Musterlösung.

Dialektische Argumentation

Für den dialektischen Aufbau haben Sie Pro- und Contra-Argumente gesammelt und gewichtet. Ihre Argumentation wird mithin aus zwei großen Teilen bestehen, nämlich der **These** und der **Antithese**, wobei Sie sowohl für die These als auch für die Antithese Argumente (d. h. Thesen, Beweise und Beispiele) nennen werden. Die These ist dabei diejenige Position, die Sie nicht selbst vertreten; Sie werden sich also letztlich für die Antithese entscheiden. Ob die These dabei die Pro- oder die Contra-Argumente enthält, hängt davon ab, welchen Standpunkt Sie einnehmen möchten. Es ist daher keineswegs so, dass sich die These stets mit den Pro- und die Antithese mit den Contra-Argumenten befasst.

> Wenn Sie die Einführung eines verpflichtenden Rauchmelders als positiv bewerten, enthält die Antithese die Pro-Argumente, die für die Einführung sprechen, und die These die gegen sie sprechenden Contra-Argumente.

ex\

Trennung von These und Antithese

Hinsichtlich des Aufbaus stellen sich nun zwei Strategiefragen: Erstens müssen Sie sich überlegen, ob Sie, um Ihre Adressatinnen und Adressaten von Ihrer Meinung zu überzeugen, mit den Argumenten der These oder mit denen der Antithese beginnen. Zweitens müssen Sie auch hier die Argumente innerhalb der These bzw. Antithese ihrem Gewicht entsprechend ordnen. Anders als für den Aufbau der linearen Argumentation plädiere ich bei der dialektischen Argumentation ausschließlich für einen bestimmten Aufbau, und zwar dafür, dass Sie mit denjenigen Argumenten beginnen, die gegen Ihren eigenen Standpunkt sprechen (Argumente der These). Dadurch erreichen Sie idealerweise zum einen, dass die Argumente, die Ihre eigene Meinung stützen (Argumente der Antithese), den Adressatinnen und Adressaten am Ende noch präsent sind, während die Ihnen unliebsamen Argumente schon einige Zeit zurückliegen und daher verblassen. Zum anderen ist es gerade im wissenschaftlichen Kontext, aber auch generell in Fällen, in denen Sie sich erklärtermaßen auch mit der Gegenmeinung auseinandersetzen, sinnvoll, Ihren Adressatinnen und Adressaten gleich zu Beginn zu zeigen, dass Sie das, was gegen Ihren eigenen Standpunkt spricht, sorgfältig geprüft haben – und dann gleichwohl zu dem Ergebnis kommen, dass es am Ende nicht überzeugt. Daher gilt: **Die Antithese folgt der These**.

Innerhalb der These beginnen Sie nun mit dem stärksten Argument, d. h. demjenigen, das für Sie am gefährlichsten werden könnte. Sie fangen also mit einem Paukenschlag an, weil es für Sie das größere Übel wäre, die Ausführungen zur Gegenseite mit einem Paukenschlag zu beenden. Niemand will Adressatinnen und Adressaten, denen vor allem der Trumpf der gegnerischen Seite im Gedächtnis bleibt. Auch zeigen Sie damit gleich zu Beginn, dass selbst das stärkste Argument der Gegenseite unter Abwägung des Für und Wider nicht stark genug ist, um Sie zu überzeugen, und dass Sie dieses Argument daher auch nicht irgendwo inmitten Ihrer Ausführungen verstecken müssen, sondern ganz offen an prominenter erster Stelle nennen können. Sodann nehmen die Argumente der These stetig an Gewicht ab, bis Sie schließlich deren schwächstes Argument erreichen und damit ungefähr in der Hälfte Ihrer Argumentation angekommen sind, d. h. an einer Stelle, an die man sich am Ende noch recht gut erinnern kann. Das ist für Sie aber unschädlich, denn die letzten Argumente der These sind gerade diejenigen, die am wenigsten überzeugen. Innerhalb der Antithese beginnen Sie nun mit dem schwächsten Argument und hören mit dem stärksten auf. Denn, anders als bei der linearen Argumentation, würden Sie das stärkste Argument, das für Ihren Standpunkt spricht, dem Risiko aussetzen, in der Hälfte Ihrer Ausführungen unterzugehen, wenn Sie mit diesem Argument beginnen würden. Der prominenteste Ort, an dem Sie Ihr stärkstes Argument platzieren können, ist nunmehr der Schluss Ihrer Ausführungen. Betrachtet man nun die Anordnung aller Argumente, so lässt sich der dialektische Aufbau graphisch mithilfe einer **V-Form** beschreiben.

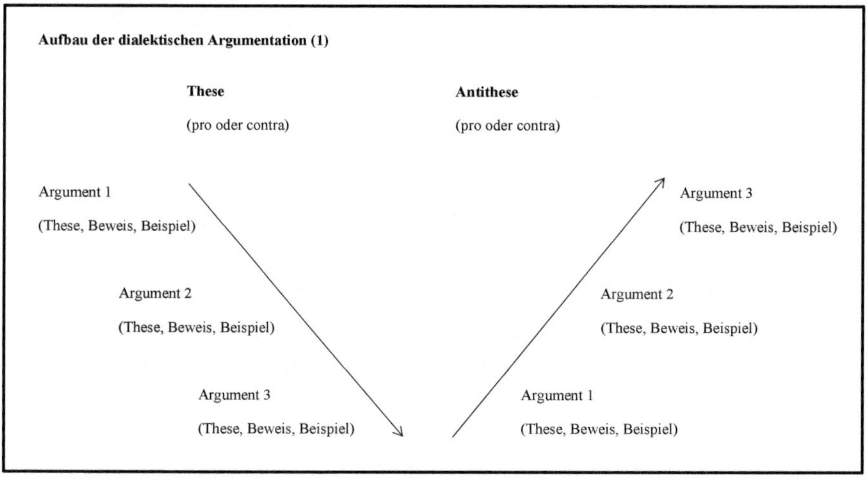

Abb. 8: Aufbau der dialektischen Argumentation (1)

Verbindung von These und Antithese

Bisher sind wir davon ausgegangen, dass Sie die These strikt von der Antithese und mithin die Pro-Argumente von den Contra-Argumenten trennen. Dies ist jedoch nicht zwingend. Es kann sich im Einzelfall anbieten und von Vorteil sein, den Hauptteil gewissermaßen in mehrere „pro-und-contra-Pakete" zu untergliedern, d. h. jeweils ein Pro- und ein Contra-Argument gemeinsam und dann auch abschließend darzustellen.

Dies ist erstens immer dann der Fall, wenn Sie eine These aufstellen, die sich sowohl **be- als auch widerlegen** lässt. Freilich muss es sich hierbei um eine These handeln, die für unterschiedliche Sichtweisen offen ist, die also nicht wissenschaftlich abschließend beurteilt werden kann.

Wenn Sie etwa behaupten, dass die Anonymität diverser Chatrooms, die das Internet bietet, die Hemmschwelle für Beleidigungen und Mobbing senkt, haben Sie einerseits Recht: Hinter einer erfundenen Identität wird man sich verbergen können, sodass andere Nutzer des Netzwerks eine bestimmte Aussage keiner real existierenden Person, jedenfalls aber nicht der Urheberin oder dem Urheber der Aussage persönlich zuordnen können. Ein Image-Schaden steht also zunächst nicht zu befürchten. Gleichwohl darf man nicht vergessen, dass niemand im

> Internet wirklich anonym ist. Geht es um strafbares Verhalten, kann die Urheberin oder der Urheber der Aussage im Rahmen strafrechtlicher Ermittlungen möglicherweise doch identifiziert werden.

Zweitens bietet sich eine Verbindung von These und Antithese an, wenn ein Argument gewissermaßen **zwei Seiten** hat, also sowohl die These als auch die Antithese stützen könnte.

ex\

> Dies gilt etwa für die Behauptung, dass die „Neuen Medien" die Kommunikation im Alltag erleichtern. Man kann die Möglichkeit durchaus als positiv erachten, einem anderen kostengünstig und ohne ihn mit einem Anruf stören zu müssen, eine Textnachricht zukommen zu lassen, die er nur kurz später empfängt. Es hat auch etwas für sich, seinem räumlich entfernten Gegenüber mühelos ein Bild zusenden zu können, um damit die Eindrücke zu vermitteln, die vielleicht mit Worten gar nicht fassbar wären. Allein, die erleichterte Kommunikation via Internet kann auch ein Ausmaß annehmen, das kritisch beurteilt wird. Denn vielleicht entwertet die Mühelosigkeit der Kommunikation ihren Inhalt, weil jeder kostenlosen Textnachricht ganz unproblematisch eine weitere folgen kann, die die erste konkretisiert, in Frage stellt oder erklärt. Und vielleicht führt der massenhafte Empfang von Kurznachrichten dazu, dass man sich auf andere Dinge nicht mehr richtig konzentrieren kann. Jedenfalls aber hat die mühelose Kommunikation via Internet das Potenzial, den direkten persönlichen Kontakt zu gefährden, der uns in der Regel mehr abverlangt: Es ist einfacher, auf „gefällt mir" zu klicken, statt dem Sender der Botschaft in Worten und ggf. sogar differenziert zu sagen, was an seinem Beitrag aus welchen Gründen gefällt und was möglicherweise nicht. Der bloße Mausklick kann diese Kommunikation nicht ersetzen. Er kann dazu führen, dass wir die Mitteilung kritischer Punkte vernachlässigen und auf diese Weise ein falsches Bild von unserer Meinung erzeugen.

In solchen Fällen der Verbindung von These und Antithese müssen die Erwägungen zur linearen Argumentation mit denen zur dialektischen kombiniert werden. Vom Aufbau der dialektischen Argumentation übernehmen Sie die Regel, dass die Argumente der These vor denen der Antithese dargestellt werden. Jedes einzelne Ihrer „pro-und-contra-Pakete" beginnt also mit derjenigen Sichtweise, die Sie nicht vertreten. Denn auch hier ist es sinnvoller, die zunächst dargestellte gegnerische Seite mit der eigenen Ansicht anzugreifen, statt die eigene Ansicht für das Gegenargument angreifbar zu machen. Auch können Sie nur auf diese Weise erreichen, dass Sie Ihre Argumentation mit einem Argument beenden, das Ihre eigene Meinung stützt und das auf Grund seiner Abschlussposition am längsten in Erinnerung bleibt. Sie verfahren hier also nach dem „zwar-aber-Muster": „Zwar ist es von Vorteil, dass ... Zu bedenken ist aber gleichzeitig, dass ..." Von der linearen Argumentation übernehmen Sie die vom Gewicht abhängige Anordnung der Argumente, wobei es nur auf das Gewicht derjenigen Argumente ankommt, die zur Antithese gehören. Unabhängig davon, wie stark oder schwach das unliebsame Gegenargument ist, sollte das erste Argumentpaket das schwächste Argument enthalten, das Ihre Ansicht stützt. Nur dann steht Ihr stärkstes Argument nämlich auch hier wieder am Schluss und Sie vermeiden das Risiko, dass dort das stärkste Argument der Gegenseite auf das schwächste Argument Ihres eigenen Standpunkts trifft. Geschieht dies zu Beginn Ihrer Ausführungen, erscheint dies weniger schädlich, weil Ihre eigene Position danach immer stärker wird, während die Gegenposition ihr Bestes schon gegeben hat.

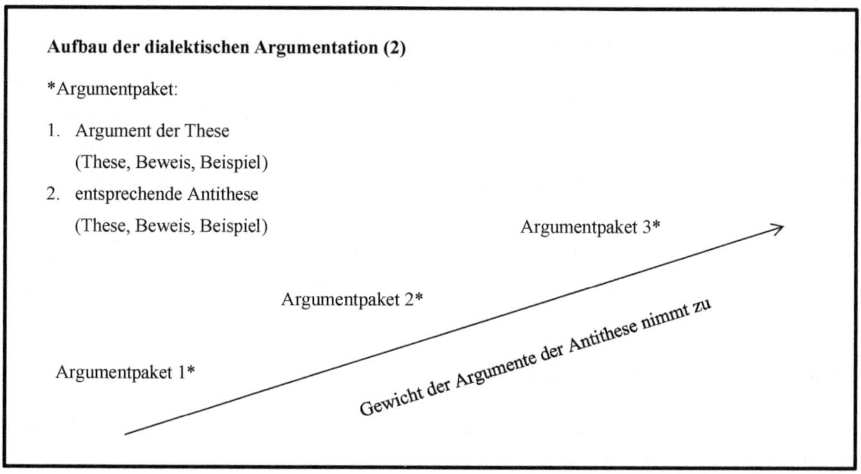

Abb. 9: Aufbau der dialektischen Argumentation (2)

6 Die Abwägung der Argumente (Synthese)

Anders als bei der Texterschließung, wo Sie am Ende Ihr Ergebnis bloß noch präsentieren, um anderen eine Reaktion auf Ihre Arbeit, aber auch Ihnen selbst eine Reaktion auf die Aussage des Textes zu ermöglichen, ist der Schluss Ihrer Argumentation (die sog. Synthese) von enormer methodischer Bedeutung. Denn der Vortrag Ihrer Argumente endet mit dem letzten Beispiel des letzten Arguments. Damit ist die Argumentation aber noch nicht zu Ende. Das Ziel Ihrer Bearbeitung ist nämlich nicht nur die Darstellung und Gewichtung von Argumenten. Vielmehr sollen Sie auch zu einer Lösung kommen. Und gerade nur um die Adressatinnen und Adressaten von Ihrem eigenen Standpunkt zu überzeugen, haben Sie die Argumente auf eine bestimmte Art und Weise angeordnet. Daher müssen Sie nun auch klarstellen, welchen Standpunkt Sie einnehmen. Dazu muss man zwischen dem linearen und dem dialektischen Aufbau wiederum unterscheiden.

Lineare Argumentation

Bei der linearen Argumentation stellen Sie von vornherein nur diejenigen Argumente dar, die Ihre eigene Meinung stützen. Welche Meinung Sie vertreten und welche Gründe Sie dafür haben, wurde Ihren Adressatinnen und Adressaten also bereits hinreichend deutlich. Es bleibt daher am Ende nur noch der Verweis nach oben, d. h. eine **kurze Zusammenfassung** der zuvor genannten Argumente. Der einzige Fehler, den Sie hier begehen könnten, bestünde darin, neue Argumente darzustellen. Denn die Darlegung von Argumenten ist mit dem letzten Beispiel des letzten Arguments beendet

Dialektische Argumentation

Bei der dialektischen Argumentation müssen die dargestellten Argumente nachvollziehbar abgewogen werden – und zwar nicht in dem Sinne, dass Sie (erneut) das Gewicht der Argumente bestimmen. Denn während Sie diese zuvor gemäß ihrem Stellenwert innerhalb der These und Antithese angeordnet haben, geht es nun um eine **umfassende Gesamtbetrachtung**. Im Klartext: Das Gewicht eines einzelnen Arguments wurde bisher nur im Vergleich zu den anderen Argumenten der These bzw. der Antithese bestimmt. Sie sind also auf einer Seite der Argumentation geblieben und haben die Argumente der Gegenposition völlig ausgeblendet. Das lag daran, dass es bis jetzt nur darauf ankam, an welcher Stelle Sie welches Argument nennen. Die Abwägung, die im Rahmen der Synthese stattfindet, hat aber ein anderes Ziel. Hier geht es darum, dass Sie Ihre eigene Meinung darlegen und – vor dem Hintergrund der vorgetragenen Argumente – begründen. Freilich haben Sie dies streng genommen schon getan. Denn erstens haben Sie sich in Abhängigkeit von Ihrer eigenen Meinung für eine bestimmte Anordnung der Argumente entschieden. Und zweitens haben Sie alle Argumente, die für Ihren eigenen Standpunkt sprechen, bereits umfassend dargestellt.

Allerdings müssen Sie bedenken, dass Sie bisher nur heimlich versucht haben, die Adressatinnen und Adressaten mit einer geschickten Taktik von Ihrer Position zu überzeugen. Ausdrücklich aber haben Sie ggf. noch mit keinem Wort erwähnt, welche Meinung Sie vertreten. Vielmehr haben Sie bisher zweiseitig argumentiert. Wenn es aber sowohl für als auch gegen Ihre eigene Meinung sprechende Gründe gibt, dann müssen Sie erklären, wieso Sie persönlich gerade diese und nicht die andere Meinung vertreten.

Dazu betrachten Sie Ihren Hauptteil im Ganzen und wägen nun erstmalig die Pro-Argumente gegen die Contra-Argumente ab. Hierfür können Sie sowohl auf **qualitative** als auch auf **quantitative** Kriterien zurückgreifen. In quantitativer Hinsicht können Sie auf die bloße Anzahl der Argumente verweisen, die die These bzw. die Antithese stützen. Denn je mehr Argumente für einen bestimmten Standpunkt sprechen, umso nachvollziehbarer ist es, dass Sie diesen Standpunkt vertreten. Problematisch wird dies erst, wenn mehr Argumente gegen als für Ihre eigene Meinung sprechen. Denn freilich werden Sie dem Aufbau Ihres Hauptteils nur dann gerecht, wenn Sie im Rahmen der Gesamtbetrachtung darlegen können, dass das Gewicht aller Argumente der Antithese insgesamt größer ist als das Gewicht der genannten Gegenargumente.

Hierbei handelt es sich jedoch nur um ein Scheinproblem. Denn das Gewicht der These bzw. der Antithese wird nicht allein durch die Anzahl der jeweiligen Argumente, sondern entscheidend durch die Qualität dieser Argumente bestimmt. Das lässt sich an einer einfachen Rechnung zeigen: Wenn A fünf Eineuromünzen und B drei Zweieuromünzen besitzt, dann hat A zahlenmäßig mehr Münzen, B aber mehr Geld. Freilich lässt sich das Gewicht einzelner Argumente nicht in bestimmten Zahlenwerten angeben, sodass hier keine simple Multiplikation stattfinden kann. Dieses Problem stellte sich jedoch schon bei der Gewichtung der einzelnen Argumente und wird hier nicht anders gelöst als dort. Sie nehmen also erneut allgemeine oder besondere Wertvorstellungen in Bezug und achten dabei auf die Bedeutung der belasteten oder begünstigten Werte ebenso wie auf das Ausmaß der jeweiligen Belastung oder Begünstigung. Auf diese Weise wird deutlich, dass etwa (ggf. sogar geringe) finanzielle Einbußen zur Abwendung einer (ggf. sogar gravierenden) Gesundheitsgefährdung schlichtweg hinzunehmen sind.

Am Ende müssen Sie nicht zu einer absoluten Meinung gelangen, sondern können Ihrer differenzierten Argumentation durch einen differenzierenden Standpunkt Rechnung tragen. Sie dürfen also zu einem Kompromiss kommen, der sich insbesondere dann anbietet, wenn sich die These und die Antithese ohnehin die Waage halten. Keinesfalls sollten Sie das Gewicht der Antithese in diesem Fall dergestalt überbewerten, dass Ihr Urteil für einen objektiven Dritten nicht mehr nachvollziehbar ist. Denn gerade die Nachvollziehbarkeit Ihrer Arbeit ist bei der Argumentation ein entscheidender Wert.

Schlusswort

Ich habe Ihnen zu Beginn dieses Buches strukturierte Darstellungen und klare Anweisungen im Hinblick auf den Umgang mit Texten im Studium versprochen. Wir haben gesehen, dass Sie auf das in der Schule erlernte Wissen zur Texterschließung und Erörterung zurückgreifen können, dass Sie es im Studium aber in einer modifizierten Art und Weise anwenden müssen. Ihnen die entsprechenden Lösungen aufzuzeigen und den Weg dorthin zu erklären, war ein notwendiger Schritt. Mithilfe der aufgestellten Regeln, der Beispiele und der Übungsaufgaben, die Ihnen dieses Buch liefert, können und müssen Sie nun aber auch den Sprung in die eigenständige Aufgabenlösung wagen, um künftig selbstsicher und erfolgreich mit Texten umgehen zu können. Gerade das Interpretieren erfordert ein gewisses Feingefühl, das sich erst in der Praxis der Textarbeit entwickelt.

Wenn ich Ihnen hierzu rate, ist mir durchaus bewusst, dass Sie mit fachlichen Anforderungen genügend ausgelastet sein werden, während es sich beim Analysieren, Interpretieren und Argumentieren um Grundlagentechniken handelt, die Sie ggf. während Ihres Studiums und daher nebenbei erlernen oder zumindest auffrischen. Sie sollten sich aber auch klar machen, dass Ihr Studium diese Techniken voraussetzt und auf ihnen aufbaut, und dass Sie den zweiten Schritt nicht vor dem ersten gehen können. Nehmen Sie sich also die Zeit für Grundlegendes und heben Sie sich (auch) dadurch von anderen Studentinnen und Studenten ab.

Register

Analysieren 24
Anapäst 44
Anglizismus 26
Argument 113
Autoritätsbeweis 114

Bedeutungswandel 25

Daktylus 44
dialektische Argumentation 97

Empfänger 20
Enjambement 54
Erschließen 10
erweiterte Argumentation 100
Erzählperspektive 60
Erzählposition 60
Erzählzeit 59
Evidenzbeweis 114

Fachjargon 58

Hakenstil 54
Hermeneutischer Zirkel 74
Hypotaxe 57

Indizienbeweis 115
Interpretieren 24
Ironie 48

Jambus 44
journalistischer Kommentar 88

Kadenz 45
kafkaesk 83

Lexik 55
lineare Argumentation 97
literarische Argumentation 97
logischer Schluss 115

Metrum 44

Nacherzählung 49
Naturalismus 85
Nominalstil 56

Parataxe 57
persönliche Stellungnahme 87

Reimart 45
Reimschema 45
Reimstellung 45
rhetorische Figuren 60
Rhythmus 54

sachliche Argumentation 97
Sender 20
Signifikant 21
Signifikat 21
Sinnabschnitte 43
Sonett 45
Sprache 20
sprachliches Zeichen 21
Sprachniveau 57
Story des Textes 34
Syntax 57

Thema des Textes 33
Trochäus 44

Verslänge 44

wissenschaftlicher Beweis 114

Zeilenstil 54
Zeitdehnung 59
Zeitraffung 59

Abbildungsverzeichnis

Abb. 1: Kommunikationsmodell 22
Abb. 2: Arbeitsschritte der Texterschließung 30
Abb. 3: Ernst Moritz Arndt: Des Deutschen Vaterland 46
Abb. 4: Gattungen der Argumentation 98
Abb. 5: Übersicht zur Vorbereitung der Argumentation 112
Abb. 6: Arten des Beweises 116
Abb. 7: Aufbau der linearen Argumentation 122
Abb. 8: Aufbau der dialektischen Argumentation (1) 125
Abb. 9: Aufbau der dialektischen Argumentation (2) 127

Tabellenverzeichnis

Tab. 1: Lösungsvorschlag zur Inhalts- und Strukturanalyse ... 52
Tab. 2: Rhetorische Figuren ... 62
Tab. 3: Lösungsvorschlag zu den besonderen sprachlichen Merkmalen der Rede ... 66
Tab. 4: Übersicht zu den literarischen Epochen ... 76
Tab. 5: Argumentationsschema ... 117

utb.
Viola Falkenberg
Wissenschafts-kommunikation: Vom Hörsaal ins Rampenlicht
Mit Übungen und Checklisten